Dr. Oetker

Gut & günstig

Die besten Gerichte unter 2,50 €

Dr. Oetker Verlag

Vorwort

Gut und günstig – das muss kein Widerspruch sein.

Clever, der Saison entsprechend, einzukaufen, hilft Ihnen, preiswerte und schmackhafte Gerichte auf den Tisch zu bringen. Dass dabei nicht auf Genuss und Abwechslung verzichtet werden muss, zeigen die mehr als 120 Rezepte in diesem Buch. Und das alles für weniger als 2,50 Euro pro Portion.
Alle Gerichte sind erprobt und so beschrieben, dass sie leicht nachzukochen sind.

Abkürzungen

EL	=	Esslöffel
TL	=	Teelöffel
Msp.	=	Messerspitze
Pck.	=	Packung/Päckchen
g	=	Gramm
kg	=	Kilogramm
ml	=	Milliliter
l	=	Liter
evtl.	=	eventuell
geh.	=	gehäuft
gestr.	=	gestrichen
TK	=	Tiefkühlprodukt
°C	=	Grad Celcius
Ø	=	Durchmesser

Kalorien-/Nährwertangaben

E	=	Eiweiß
F	=	Fett
Kh	=	Kohlenhydrate
kJ	=	Kilojoule
kcal	=	Kilokalorie

Hinweise zu den Rezepten

Lesen Sie bitte vor der Zubereitung – besser noch vor dem Einkaufen – das Rezept einmal vollständig durch. Oft werden Arbeitsabläufe oder -zusammenhänge dann klarer. Die Rezepte sind, wenn nicht anders angegeben, für 4 Portionen berechnet.
Die Zutaten sind in der Reihenfolge ihrer Bearbeitung aufgeführt. Die Arbeitsschritte sind einzeln hervorgehoben, in der Reihenfolge, in der sie von uns ausprobiert wurden.

Backofeneinstellung

Die in den Rezepten angegebenen Backtemperaturen und -zeiten sind Richtwerte, die je nach individueller Hitzeleistung des Backofens über- oder unterschritten werden können. Bitte beachten Sie deshalb bei der Einstellung des Backofens die Gebrauchsanweisung des Herstellers und machen Sie nach Beendigung der angegebenen Backzeit eine Garprobe.

Zubereitungszeiten

Die Zubereitungszeit beinhaltet nur die Zeit für die eigentliche Zubereitung, die Backzeiten sind gesondert ausgewiesen. Längere Wartezeiten wie z. B. Kühlzeiten sind ebenfalls nicht mit einbezogen.

Kapitelregister

Snacks *Seite 8 – 27*

Eintöpfe *Seite 68 – 81*

Salate *Seite 28 – 47*

Vitalküche *Seite 82 – 103*

Suppen *Seite 48 – 67*

Geflügel *Seite 104 – 123*

Fleisch *Seite 124 – 159*

Aufläufe *Seite 194 – 213*

Fisch *Seite 160 – 179*

Süße Mahlzeiten *Seite 214 – 223*

Pasta *Seite 180 – 193*

Desserts *Seite 224 – 235*

Snacks

Mozzarellaspieße
Was fürs Auge

12 Spieße – Zubereitungszeit: 25 Min.

je 1	gelbe und rote Paprikaschote
1	Zucchini (etwa 250 g)
36–48	kleine Mozzarella-Kugeln
24	grüne, mit Mandeln gefüllte Jumbo-Oliven
12	Holzspieße

Zum Bestreuen und Beträufeln:

1 Topf	Basilikum
	frisch gemahlener, bunter Pfeffer
150 ml	Olivenöl

Pro Stück:
E: 7 g, F: 14 g, Kh: 2 g,
kJ: 686, kcal: 164

1. Paprikaschoten halbieren, entstielen, entkernen und die weißen Scheidewände entfernen. Schoten waschen, abtropfen lassen und jeweils in 12 mundgerechte Stücke schneiden. Zucchini waschen, abtrocknen und die Enden abschneiden. Zucchini in etwa 1 cm breite Scheiben schneiden.

2. Mozzarella-Kugeln, Oliven, Zucchinischeiben und Paprikastücke in bunter Reihenfolge auf 12 Holzspieße stecken. Auf jedem Spieß sollten 3–4 Mozzarella-Kugeln, 2 Oliven und 2 Paprikastückchen sein.

3. Basilikum abspülen, trocken tupfen und die Blättchen von den Stängeln zupfen. Spieße in eine Schale legen, mit Pfeffer bestreuen, mit Basilikumblättchen garnieren und mit Olivenöl beträufeln.

Snacks

Zucchini-Käse-Muffins

pro Portion 0,40 EUR

Mal warm, mal kalt servieren

12 Stück – Zubereitungszeit: etwa 30 Min. – Backzeit: etwa 30 Min.

1	lange Zucchini
	Salz
3	mittelgroße Tomaten

Für den Teig:

100 g	alter Gouda
150 g	Weizenmehl
2 TL	Dr. Oetker Backin
100 g	Maismehl
1 TL	Salz
3	Eier (Größe M)
5 EL	Olivenöl
125 ml (⅛ l)	Milch

Zum Bestreuen:

½ Bund	Schnittlauch

Pro Stück:
E: 6 g, F: 10 g, Kh: 17 g,
kJ: 784, kcal: 187

1. Zucchini waschen, abtrocknen und die Enden abschneiden. Zucchini der Länge nach in 12 dünne Scheiben schneiden (evtl. mit einer Aufschnittmaschine). Die Scheiben nebeneinander legen und mit Salz bestreuen.

2. Tomaten waschen, abtrocknen, die Stängelansätze herausschneiden und jede Tomate in 4 Scheiben schneiden. Den Backofen vorheizen.

3. Für den Teig Gouda grob raspeln. Mehl mit Backpulver mischen und in eine Rührschüssel sieben. Maismehl, Salz und Gouda untermengen. Eier, Öl und Milch hinzufügen und mit Handrührgerät mit Rührbesen kurz unterrühren.

4. Zucchinischeiben trocken tupfen und je 1 Scheibe in jede Vertiefung einer Muffinform (für 12 Muffins, gefettet, bemehlt) legen, dabei die Enden überstehen lassen. Den Teig hineinfüllen. Je 1 Tomatenscheibe auf den Muffinteig legen und die Zucchinienden darüber zusammenlegen. Die Muffinform auf dem Rost in den vorgeheizten Backofen schieben.

Ober-/Unterhitze: etwa 180 °C
Heißluft: etwa 160 °C
Backzeit: etwa 30 Minuten.

5. Die Muffins etwa 10 Minuten in der Form stehen lassen, dann aus der Form lösen und auf einem Kuchenrost erkalten lassen.

6. Zum Bestreuen Schnittlauch in Röllchen schneiden und die Muffins damit bestreuen.

Snacks

Käse-Schinken-Hörnchen

Locker aufgerollt – ein raffinierter Snack

8 Stück – Zubereitungszeit: 30 Min. – Backzeit: etwa 20 Min.

Für den Quark-Öl-Teig:

250 g	Weizenmehl
3 TL	Dr. Oetker Backin
125 g	Magerquark
50 ml	Milch
50 ml	Speiseöl, z. B. Sonnenblumenöl
1	Eiweiß (Größe M)
½ TL	Salz

Für die Füllung:

4 Scheiben	gekochter Schinken (100 g)
4 Scheiben	Gouda (150 g)

Zum Bestreichen und Bestreuen:

1	Eigelb (Größe M)
1 EL	Milch
	grob gemahlener Pfeffer
	Sesamsamen

Pro Stück:

E: 14 g, F: 14 g, Kh: 23 g,
kJ: 1142, kcal: 273

1. Den Backofen vorheizen. Für den Teig Mehl mit Backpulver mischen und in eine Rührschüssel sieben. Restliche Teigzutaten hinzufügen und alles mit Handrührgerät mit Knethaken zuerst kurz auf niedrigster, dann auf höchster Stufe zu einem glatten Teig verkneten (nicht zu lange, der Teig klebt sonst).

2. Den Teig auf der bemehlten Arbeitsfläche zu einer Rolle formen und zu einem Quadrat (etwa 34 x 34 cm) ausrollen. Das Quadrat in 4 kleine Quadrate schneiden, dann jedes Quadrat diagonal halbieren, so dass 8 Dreiecke entstehen.

3. Für die Füllung Schinken und Gouda in Größe der Dreiecke schneiden, jedes Teigdreieck mit je 1 Käse- und Schinkenscheibe belegen. Die Teigdreiecke von der breiten Seite her zu Hörnchen aufrollen und auf ein Backblech (mit Backpapier belegt) legen. Eigelb mit Milch verschlagen, die Hörnchen damit bestreichen, mit Pfeffer und Sesam bestreuen. Das Backblech in den vorgeheizten Backofen schieben.

Ober-/Unterhitze: etwa 180 °C
Heißluft: etwa 160 °C
Backzeit: etwa 20 Minuten.

4. Die Hörnchen mit dem Backpapier auf einen Kuchenrost ziehen und erkalten lassen.

Snacks

Pizzastreifen

Fingerfood – beliebt auf jeder Party

54 Stück – Zubereitungszeit: 45 Min., ohne Auftau- und Abkühlzeit
Backzeit: etwa 15 Min. je Backblech

pro Stück 0,20 EUR

Für den Teig:
450 g TK-Pizzateig (6 Scheiben)

Für den Belag:
1 Rolle Knoblauchbutter (125 g)
2 Bund Schnittlauch
18 hauchdünne
Scheiben geräucherter Schinken (etwa 200 g)

Pro Stück:
E: 1 g, F: 2 g, Kh: 4 g,
kJ: 179, kcal: 43

1. Für den Teig TK-Pizzateig-Scheiben nach Packungsanleitung nebeneinander zugedeckt auftauen lassen. Den Backofen vorheizen.

2. Jede Teigscheibe quer in 9 Streifen schneiden und mit einer Gabel mehrmals einstechen. Knoblauchbutter in kleinen Stücken darauf verteilen.

3. Die Teigstreifen mit etwas Abstand auf 2 Backbleche (mit Backpapier belegt) legen. Die Backbleche nacheinander (bei Heißluft zusammen) in den vorgeheizten Backofen schieben.

Ober-/Unterhitze: etwa 200 °C
Heißluft: etwa 180 °C
Backzeit: etwa 15 Minuten je Backblech.

4. Die Pizzastreifen vom Backpapier lösen und auf einen Kuchenrost legen.

5. Schnittlauch abspülen und trocken tupfen. Die Schinkenscheiben jeweils in 3 Teile schneiden. Die Pizzastreifen mit einigen Schnittlauchhalmen belegen und mit je 1 Schinkenscheibenstück umwickeln.

Tipp: Anstelle von TK-Pizzateig können Sie auch eine Packung (2 Beutel) Grundmischung Pizzateig verwenden. Den Teig nach Packungsanleitung zubereiten, zu einem Rechteck (etwa 30 x 40 cm) ausrollen und in kleine Rechtecke (etwa 10 x 20 cm) schneiden. Dann weiterarbeiten wie ab Punkt 2 angegeben.

Snacks

Crostini mit Gemüse
Schnell und einfach gut *(Foto links)*
10-12 Stück – Zubereitungszeit: 30 Min.

pro Stück
0,35 EUR

1	kleine Aubergine (etwa 200 g)
1	kleine Zucchini (etwa 200 g)
1	Zwiebel
2	Knoblauchzehen
4–5 EL	Olivenöl
2	Flaschentomaten
1 Zweig	Rosmarin
einige Stängel	Thymian
	Salz
	frisch gemahlener Pfeffer
1	kleines Baguette
3 EL	Olivenöl

Pro Stück:
E: 2 g, F: 7 g, Kh: 11 g,
kJ: 482, kcal: 115

1. Aubergine und Zucchini waschen, abtrocknen und die Enden abschneiden. Aubergine und Zucchini in etwa 1 cm große Würfel schneiden.

2. Zwiebel und Knoblauch abziehen und in feine Würfel schneiden. Öl in einer Pfanne erhitzen und die Zwiebel- und Knoblauchwürfel darin andünsten. Auberginen- und Zucchiniwürfel hinzufügen und kurz anbraten. Die Gemüsewürfel unter gelegentlichem Rühren etwa 5 Minuten garen.

3. Tomaten kreuzweise einschneiden, kurz in kochendes Wasser legen und anschließend mit kaltem Wasser übergießen. Tomaten enthäuten, halbieren und die Stängelansätze herausschneiden. Tomaten in kleine Würfel schneiden und unter das Gemüse heben.

4. Rosmarin und Thymian abspülen und trocken tupfen. Nadeln und Blättchen von den Stängeln zupfen und fein hacken. Gemüse mit Kräutern, Salz und Pfeffer würzen.

5. Baguette in 10–12 Scheiben schneiden. Olivenöl in einer großen Pfanne erhitzen und die Baguettescheiben darin von beiden Seiten knusprig braten.

6. Baguettescheiben mit der Gemüsemischung belegen, mit einer Gabel etwas andrücken.

Tipp: Die Gemüsecrostini schmecken warm am besten, können aber auch kalt serviert werden.

Snacks

Gemüseecken mit Käsesauce

0,35 EUR pro Stück

Ohne Fleisch – dauert aber etwas länger

24 Stück – Zubereitungszeit: 40 Min., ohne Teiggehzeit – Backzeit: etwa 30 Min.

Für den Hefeteig:

| 1 Pck. | Fertig-Hefe- oder Pizzateig (TK oder Kühltheke, etwa 400g) |

Für die Käsesauce:

3	Eier (Größe M)
knapp 1 TL	Salz
	frisch gemahlener Pfeffer
2	Knoblauchzehen
1 Bund	glatte Petersilie
100 g	geriebener Emmentaler
1 Becher (150 g)	Crème fraîche
125 g	Schlagsahne

Für den Belag:

1 Stange	Porree (Lauch)
1	rote Paprikaschote
1 Dose	Mais (Abtropfgewicht 285 g)

Pro Stück:

E: 4 g, F: 8 g, Kh: 10 g,
kJ: 543, kcal: 130

1. TK-Pizzateig nach Packungsanleitung auftauen, Teig auf einem Backblech (30 x 40 cm, gefettet) ausrollen, evtl. nochmals gehen lassen. Vor den Teig einen mehrfach geknickten Streifen Alufolie legen. Den Backofen vorheizen.

2. Für die Käsesauce Eier verschlagen, mit Salz und Pfeffer würzen. Knoblauch abziehen und fein hacken. Petersilie abspülen, die Blättchen von den Stängeln zupfen. Einige Blättchen zum Garnieren beiseite legen, restliche Blättchen fein schneiden. Knoblauch, Käse, Crème fraîche, Sahne und Petersilie zu den Eiern geben und unterrühren.

3. Für den Belag Porree putzen, waschen, abtropfen lassen und in dünne Ringe schneiden. Paprikaschote halbieren, entstielen, entkernen und die weißen Scheidewände entfernen. Schote waschen, abtropfen lassen und in feine Streifen schneiden.

4. Mais auf einem Sieb abtropfen lassen. Porree, Paprika und Mais mischen, auf dem Teig verteilen. Die Käsesauce darüber geben. Das Backblech in den vorgeheizten Backofen schieben.

Ober-/Unterhitze: etwa 200 °C
Heißluft: etwa 180 °C
Backzeit: etwa 30 Minuten.

5. Den Gemüsekuchen zweimal längs und dreimal quer durchschneiden. Die 12 Stücke nochmals diagonal halbieren, so dass Dreiecke entstehen. Mit Petersilienblättchen garniert servieren.

Snacks

Spinattortilla

Schnell gemacht – ganz ohne Fleisch

4–6 Portionen – Zubereitungszeit: 20 Min., ohne Abkühlzeit – Garzeit: etwa 30 Min.

2	Schalotten (etwa 50 g)
1	Knoblauchzehe
1 EL	Olivenöl
125 g	TK-Blattspinat
	Salz
	frisch gemahlener Pfeffer
	geriebene Muskatnuss
6	Eier (Größe M)
6 EL	Milch

Pro Portion:
E: 10 g, F: 12 g, Kh: 2 g,
kJ: 647, kcal: 154

1. Den Backofen vorheizen. Schalotten und Knoblauch abziehen und in kleine Würfel schneiden oder hacken. Olivenöl in einer beschichteten Pfanne erhitzen und Schalotten- und Knoblauchwürfel darin andünsten.

2. Den gefrorenen Spinat hinzugeben, unter gelegentlichem Rühren andünsten und zugedeckt bei schwacher Hitze etwa 10 Minuten garen. Den garen Spinat mit Salz, Pfeffer und Muskat würzen, mit einer Gabel vorsichtig auflockern und die Flüssigkeit verdampfen lassen. Spinat aus der Pfanne nehmen.

3. Spinat in eine Auflaufform (gefettet) geben. Eier mit Milch verschlagen und mit Salz würzen. Eiermilch auf den Spinat gießen und die Form auf dem Rost in den vorgeheizten Backofen schieben.

Ober-/Unterhitze: etwa 180 °C
Heißluft: etwa 160 °C
Garzeit: etwa 30 Minuten.

4. Tortilla etwas auskühlen lassen und in Stücke schneiden.

Beilage: Tomatensalat.

Snacks

Auberginentortilla

Heute mal vegetarisch und raffiniert – gut vorzubereiten

4–6 Portionen – Zubereitungszeit: 35 Min. – Backzeit: etwa 25 Min.

pro Portion
1,15 EUR

1	mittelgroße Aubergine
1 TL	Salz
4	Kartoffeln
200 ml	Olivenöl
	Salz
	frisch gemahlener Pfeffer
1 Dose	Champignonköpfe (Abtropfgewicht 175 g)
100 g	frisch geriebener Butterkäse
1 TL	gerebelter Oregano
1 TL	gerebeltes Basilikum
4	Eier (Größe M)
½ Bund	Petersilienblättchen

Pro Portion:
E: 14 g, F: 51 g, Kh: 15 g,
kJ: 2371, kcal: 566

1. Aubergine waschen, trocken tupfen und den Stängelansatz abschneiden. Aubergine in dünne Scheiben schneiden, mit Salz bestreuen und etwa 15 Minuten ziehen lassen.

2. Kartoffeln waschen, schälen, abspülen und in dünne Scheiben schneiden oder hobeln. Etwa ein Drittel des Olivenöls in einer Pfanne erhitzen. Die Kartoffelscheiben unter mehrmaligem Wenden darin in 8–10 Minuten fast gar braten, herausnehmen und warm stellen. Den Backofen vorheizen.

3. Die Auberginenscheiben abspülen und trocken tupfen. Restliches Olivenöl in der Pfanne erhitzen und die Auberginenscheiben unter Wenden anbraten. Auberginenscheiben herausnehmen, zu den warm gestellten Kartoffelscheiben geben und vorsichtig untermischen, würzen.

4. Champignonköpfe auf einem Sieb abtropfen lassen. Champignonköpfe, Käse, Oregano und Basilikum zu der Kartoffel-Auberginen-Mischung geben und untermengen. Eier verschlagen, mit Salz und Pfeffer würzen. Eier in eine flache Auflaufform (gefettet) geben. Die Kartoffel-Auberginen-Masse darauf verteilen. Die Form auf dem Rost in den vorgeheizten Backofen schieben.

Ober-/Unterhitze: etwa 180 °C
Heißluft: etwa 160 °C
Backzeit: etwa 25 Minuten.

5. Tortilla mit Petersilie bestreut servieren.

Snacks

Kartoffelrösti, raffiniert belegt
Einfach und fix zubereitet

24 Stück – Zubereitungszeit: 30 Min. – Garzeit: 16–18 Min.

24	TK-Kartoffelrösti für den Backofen
500 g	Käse mit Knoblauch in Scheiben
16	Cocktailtomaten
3	Möhren
	Salzwasser
einige Stängel	Basilikum
einige Stängel	Schnittlauch
	frisch gemahlener grober Pfeffer

Pro Stück:
E: 5 g, F: 9 g, Kh: 8 g,
kJ: 586, kcal: 140

1. Den Backofen vorheizen. Kartoffelrösti aus der Packung nehmen und auf ein Backblech (mit Backpapier belegt) legen. Das Backblech in den vorgeheizten Backofen schieben.

Ober-/Unterhitze: etwa 220 °C
Heißluft: etwa 200 °C
Garzeit: etwa 8 Minuten.

2. Käsescheiben diagonal halbieren. Tomaten waschen, abtropfen lassen, halbieren und die Stängelansätze herausschneiden. Möhren putzen, schälen, abspülen und abtropfen lassen. Möhren in dünne Scheiben schneiden oder hobeln. Salzwasser zum Kochen bringen und die Möhrenscheiben darin etwa 3 Minuten garen, dann herausnehmen und abtropfen lassen.

3. Kartoffelrösti wenden, mit Tomatenhälften, Möhrenscheiben und Käsedreiecken belegen. Das Backblech wieder in den Backofen schieben und **bei der oben angegebenen Backofeneinstellung weitere 8–10 Minuten backen**.

4. Basilikum und Schnittlauch abspülen und trocken tupfen. Basilikumblättchen von den Stängeln zupfen. Schnittlauch in feine Röllchen schneiden. Rösti mit Pfeffer bestreuen und mit Kräutern garnieren.

Variante: Überbackene Mozzarellapuffer: Dafür Kartoffelpuffer oder -rösti mit Salamischeiben, Tomatenscheiben und Mozzarella belegen, mit buntem Pfeffer bestreuen und überbacken.

Snacks

Tomaten-Basilikum-Törtchen

pro Portion 0,95 EUR

Das lieben die Kids – schnell gemacht

12 Stück – Zubereitungszeit: 30 Min., ohne Auftau- und Teigruhezeit – Backzeit: etwa 20 Min.

1 Pck.	TK-Blätterteig (450 g)
36	Cocktailtomaten
6	Eier (Größe M)
150 g	geriebener Gouda
6 EL	Crème fraîche
	frisch gemahlener Pfeffer
	geriebene Muskatnuss
1 Topf	Basilikum

Pro Stück:
E: 10 g, F: 19 g, Kh: 18 g,
kJ: 1174, kcal: 281

Tipp: Wer keine kleinen Förmchen hat, kann das Rezept auch in einer Tarteform (Ø etwa 28 cm, gefettet) zubereiten und anschließend in 12 Stücke teilen. Dann reichen etwa 225 g TK-Blätterteig aus.

1. Blätterteigplatten nebeneinander zugedeckt bei Zimmertemperatur auftauen lassen.

2. Tomaten waschen, kreuzweise einschneiden und einige Sekunden in kochendes Wasser legen Tomaten kurz in kaltem Wasser abschrecken, enthäuten, halbieren und Stängelansätze herausschneiden.

3. Eier verschlagen, Käse und Crème fraîche unterrühren, mit Pfeffer und Muskat würzen.

4. Basilikum abspülen und trocken tupfen. Die Blättchen von den Stängeln zupfen. Einige Blättchen zum Garnieren beiseite legen, restliche Blättchen klein schneiden. Den Backofen vorheizen.

5. 12 hitzebeständige Förmchen (Ø etwa 12 cm) mit kaltem Wasser ausspülen. Den Teig auf der leicht bemehlten Arbeitsfläche messerrückendick ausrollen, Teig etwa 10 Minuten ruhen lassen. Die Förmchen mit dem Teig auskleiden, dabei einen Rand hochdrücken, mit den klein geschnittenen Basilikumblättchen ausstreuen.

6. Tomatenhälften und Eier-Käse-Masse darauf verteilen. Die Förmchen auf dem Rost im unteren Drittel in den vorgeheizten Backofen schieben.

Ober-/Unterhitze: etwa 220 °C
Heißluft: etwa 200 °C
Backzeit: etwa 20 Minuten.

7. Die Törtchen mit den Basilikumblättchen garniert servieren.

Salate

Tortellini-Salat
Ruck, zuck gemacht
4 Portionen – Zubereitungszeit: 30 Min., ohne Abkühlzeit

pro Portion
1,25 EUR

300–400 g	frische Tortellini mit Käsefüllung (aus dem Kühlregal)
1	Schalotte
50 g	Frühstücksspeck in feinen Scheiben (Bacon)
3 EL	Olivenöl
150 ml	Gemüsebrühe
3–4 EL	Weißweinessig
1 TL	flüssiger Honig
	Salz
	frisch gemahlener Pfeffer
2 EL	Kapern (aus dem Glas)
50 g	Rucola (Rauke)
1	kleiner Radicchio
100 g	Cocktailtomaten
¼	Zuckermelone, z. B. Galiamelone

Pro Portion:
E: 13 g, F: 20 g, Kh: 49 g,
kJ: 1814, kcal: 432

1. Tortellini nach Packungsanleitung zubereiten, Tortellini auf ein Sieb geben, mit kaltem Wasser übergießen und abtropfen lassen.

2. Schalotte abziehen und in feine Würfel schneiden. Speck in einer erhitzten Pfanne knusprig auslassen, herausnehmen und auf Küchenpapier abtropfen lassen. Olivenöl in die Pfanne geben und erhitzen. Schalottenwürfel darin glasig dünsten. Brühe, Essig und Honig in die Pfanne einrühren, mit Salz und Pfeffer würzen. Kapern abtropfen lassen und unterrühren.

3. Tortellini mit dem Dressing mischen und erkalten lassen.

4. Rucola verlesen und dicke Stängel abschneiden. Rucola waschen und trocken tupfen oder trocken schleudern. Radicchio putzen, waschen und gut abtropfen lassen. Salatblätter in mundgerechte Stücke schneiden oder zupfen.

5. Tomaten waschen, abtrocknen und halbieren. Die Stängelansätze herausschneiden. Melone entkernen, schälen und das Fruchtfleisch in Würfel schneiden.

6. Salate, Tomaten und Melonenstücke unter die Tortellini mischen. Salat nochmals mit Salz und Pfeffer abschmecken. Speck grob zerbröseln und den Salat damit anrichten.

Tipp: Dieser Salat eignet sich gut für eine Sommerparty.

Salate

Nudel-Fleischwurst-Salat
Günstig und schnell gemacht

4 Portionen – Zubereitungszeit: 35 Min., ohne Durchzieh- und Abkühlzeit

pro Portion
1,70 EUR

2 l	Wasser
2 TL	Salz
125 g	kleine Hörnchennudeln
400 g	Fleischwurst
1	große Zwiebel
1 kleine Stange	Porree (Lauch)
1	säuerlicher Apfel
2	Fleischtomaten

Für die Salatsauce:

3–4 EL	Weißweinessig
1 TL	geriebener Meerrettich (aus dem Glas)
	Salz
	frisch gemahlener Pfeffer
6 EL	Speiseöl
einige	Kopfsalatblätter
¼ Topf	Schnittlauch

Pro Portion:
E: 17 g, F: 40 g, Kh: 34 g,
kJ: 2377, kcal: 567

1. Wasser in einem großen Topf mit geschlossenem Deckel zum Kochen bringen. Salz und Nudeln zugeben und die Nudeln nach Packungsanleitung im geöffneten Topf bei mittlerer Hitze kochen lassen, dabei gelegentlich umrühren. Anschließend die Nudeln auf ein Sieb geben, mit kaltem Wasser abspülen, abtropfen und erkalten lassen.

2. Von der Fleischwurst die Haut abziehen. Fleischwurst zuerst in Scheiben, dann in Streifen schneiden. Zwiebel abziehen, halbieren und in Scheiben schneiden. Porree putzen, in Scheiben schneiden, waschen und gut abtropfen lassen.

3. Apfel waschen, trocken tupfen, nach Belieben schälen, vierteln, entkernen und in kleine Stücke schneiden. Tomaten waschen, trocken tupfen, vierteln, entkernen und die Stängelansätze herausschneiden. Tomaten in Würfel schneiden. Die Salatzutaten in einer Schüssel mischen.

4. Für die Sauce Essig mit Meerrettich verrühren und mit Salz und Pfeffer würzen. Speiseöl unterschlagen. Die Sauce mit den Salatzutaten vermengen und Schnittlauchröllchen unterrühren. Den Salat kalt stellen und etwa 30 Minuten durchziehen lassen. Salat abschmecken.

5. Salatblätter und Schnittlauch abspülen und trocken tupfen. Schnittlauch in Röllchen schneiden. Den Salat auf einer großen, mit den Salatblättern ausgelegten Platte anrichten und mit Schnittlauchröllchen bestreut servieren.

Salate

Bunter Thunfisch-Nudel-Salat

Klasse Kombination: preiswert und schnell

4 Portionen – Zubereitungszeit: 20 Min., ohne Durchziehzeit

pro Portion **1,15** EUR

3 l	Wasser
3 TL	Salz
300 g	Nudeln (z. B. Spirelli, Penne)

Für die Sauce:

1	Knoblauchzehe
3 EL	Weißweinessig
	Salz
1 Prise	Zucker
	frisch gemahlener Pfeffer
1 TL	milder Senf
2 EL	Speiseöl
1 Dose	Thunfisch in Öl (Abtropfgewicht 135 g)
1 Dose	gemischtes Gemüse (Erbsen, Möhren, Mais, Abtropfgewicht 280 g)
1	rote Paprikaschote
2	Frühlingszwiebeln
200 g	Naturjoghurt
evtl. 2–3 EL	heiße Gemüsebrühe

Pro Portion:
E: 21 g, F: 17 g, Kh: 62 g,
kJ: 2046, kcal: 489

1. Wasser in einem großen Topf mit geschlossenem Deckel zum Kochen bringen. Salz und Nudeln zugeben und die Nudeln nach Packungsanleitung im geöffneten Topf bei mittlerer Hitze bissfest kochen, dabei gelegentlich umrühren. Anschließend Nudeln auf ein Sieb geben, mit kaltem Wasser abspülen und abtropfen lassen.

2. Für die Sauce Knoblauch abziehen, fein würfeln und mit Essig, Salz, Zucker, Pfeffer und Senf verrühren. Öl unterschlagen. Nudeln mit der Sauce vermengen und gut durchziehen lassen.

3. Thunfisch gut abtropfen lassen und mit einer Gabel in Stücke zupfen. Dosengemüse ebenfalls gut abtropfen lassen. Paprikaschote halbieren, entstielen, entkernen und die weißen Scheidewände entfernen. Die Schote waschen, abtropfen lassen und fein würfeln. Frühlingszwiebeln putzen, waschen und in feine Ringe schneiden.

4. Joghurt unter die Nudeln rühren. Vorbereitetes Gemüse und Thunfisch unter die Nudeln mischen und alles nochmals etwa 20 Minuten durchziehen lassen.

5. Salat vor dem Servieren nochmals mit Salz und Pfeffer abschmecken. Sollte die Sauce zu fest geworden sein, einfach etwas Gemüsebrühe unter den Salat rühren.

Tipp: Lecker schmeckt der Salat auch mit feinen Kochschinkenstreifen anstelle von Thunfisch.

Salate

Sechser Salat
Einfach und schnell gemacht

6 Portionen – Zubereitungszeit: 30 Min., ohne Durchziehzeit

6	gegarte Pellkartoffeln (600 g)
6	kleine Äpfel (750 g)
6	hart gekochte Eier
6	Gewürzgurken (150 g)
6	Zwiebeln (300 g)
6	Scheiben Fleischwurst (300 g)

Für die Sauce:

150 g	Salatmayonnaise (50 % Fett)
150 g	Naturjoghurt (3,5 % Fett)
1 EL	mittelscharfer Senf
	Salz
	frisch gemahlener Pfeffer
1 Prise	Zucker

Pro Portion:
E: 17 g, F: 34 g, Kh: 31 g,
kJ: 2092, kcal: 501

1. Kartoffeln pellen und in Scheiben schneiden. Äpfel waschen, abtrocknen, vierteln, entkernen und in Stücke schneiden. Eier pellen und in Scheiben schneiden. Gurken abtropfen lassen und ebenfalls in Scheiben schneiden.

2. Zwiebeln abziehen, halbieren und in Streifen schneiden. Zwiebelstreifen in kochendem Salzwasser kurz blanchieren, auf ein Sieb geben, mit kaltem Wasser abschrecken und abtropfen lassen. Fleischwurst in Streifen schneiden.

3. Die vorbereiteten Salatzutaten in eine große Schüssel geben und vermischen.

4. Für die Sauce Mayonnaise mit Joghurt und Senf verrühren und mit Salz, Pfeffer und Zucker abschmecken. Die Sauce zu den Salatzutaten geben und untermengen. Den Salat gut durchziehen lassen.

Beilage: Bauernbrot.

Salate

pro Portion
1,40 EUR

Warmer Kartoffelsalat mit roten Linsen
Schmeckt außergewöhnlich – und ist gut vorzubereiten

4 Portionen – Zubereitungszeit: 45 Min., ohne Durchzieh- und Kühlzeit

700 g	festkochende Kartoffeln
300 g	rote Linsen
1 Bund	Thymian
2	Schalotten oder Zwiebeln (etwa 100 g)
100 ml	Gemüsebrühe
3 EL	weißer Balsamico-Essig
1 TL	Kümmelsamen
6 EL	Olivenöl
	Salz
	frisch gemahlener Pfeffer
200 g	frisch geriebener oder gehobelter mittelalter Gouda

Pro Portion:
E: 34 g, F: 33 g, Kh: 53 g,
kJ: 2709, kcal: 647

1. Kartoffeln waschen, schälen, abspülen und in Würfel schneiden. Kartoffelwürfel in kochendem Salzwasser zugedeckt etwa 20 Minuten garen. Anschließend auf ein Sieb geben, mit kaltem Wasser übergießen und abtropfen lassen.

2. Linsen in kochendem Salzwasser etwa 10 Minuten garen. Ebenfalls auf ein Sieb geben, mit kaltem Wasser übergießen und abtropfen lassen.

3. Thymian abspülen und trocken tupfen (einige Zweige zum Garnieren beiseite legen). Die Blättchen von den Stängeln zupfen. Kartoffelwürfel und Linsen in eine Schüssel geben. Thymianblättchen darauf verteilen.

4. Schalotten oder Zwiebeln abziehen und in kleine Würfel schneiden. Brühe mit Essig, Schalotten- oder Zwiebelwürfeln, Kümmel und Olivenöl in einem Topf verrühren und erhitzen. Mit Salz und Pfeffer würzen. Die Marinade über die Salatzutaten gießen, einige Male durchschwenken oder vorsichtig umrühren. Den Salat etwa 1 Stunde kalt stellen und durchziehen lassen.

5. Den Salat vor dem Servieren in einer Mikrowelle oder im vorgeheizten Backofen bei Ober-/Unterhitze bei etwa 160 °C erwärmen. Salat mit Käse bestreuen und mit den beiseite gelegten Thymianzweigen garniert servieren.

Beilage: In Knoblauchbutter gebratene Baguettescheiben oder -würfel.

Salate

Tomatenschüssel Gerona
Mit extra-leckerem Dressing
4 Portionen – Zubereitungszeit: 30 Minuten

pro Portion 1,20 EUR

800 g	Tomaten
3	mittelgroße Zwiebeln

Für die Sauce:

2	Knoblauchzehen
2	hart gekochte Eier
3 EL	Balsamico-Essig
1 TL	Zucker
½ TL	mittelscharfer Senf
	Salz
	frisch gemahlener Pfeffer
5 EL	Speiseöl
75 g	durchwachsener Speck
2–3 EL	gehackte Basilikumblättchen

Pro Portion:
E: 8 g, F: 29 g, Kh: 11 g,
kJ: 1456, kcal: 348

1. Tomaten waschen, abtropfen lassen und kreuzweise einschneiden, kurz in kochendes Wasser legen und in kaltem Wasser abschrecken. Tomaten enthäuten, die Stängelansätze herausschneiden und Tomaten in Scheiben schneiden.

2. Zwiebeln abziehen und erst in sehr dünne Scheiben schneiden, dann in Ringe teilen. Die Zwiebelringe mit den Tomatenscheiben in einer Schüssel anrichten.

3. Für die Sauce Knoblauch abziehen und fein würfeln. Eier pellen und halbieren. Eiweiß in Würfel schneiden und beiseite stellen. Eigelb durch ein Sieb streichen. Essig mit Zucker, Senf, Salz und Pfeffer verrühren. Öl unterschlagen. Die Knoblauchwürfel und das durchgestrichene Eigelb unterrühren. Die Sauce über die Salatzutaten gießen.

4. Speck in kleine Würfel schneiden und in einer Pfanne ohne Fett knusprig braun braten. Die Speckwürfel auf Küchenpapier abtropfen lassen. Speck- und Eiweißwürfel mit Basilikum über den Salat streuen.

Beilage: Ciabatta.

Abwandlung: Für eine vegetarische Variante den Speck weglassen und einige entsteinte schwarze Oliven (nach Belieben in Ringe geschnitten) über den Salat streuen.

Salate

Bunter Rohkostsalat
Leicht und kalorienarm

4 Portionen – Zubereitungszeit: 40 Min.

200 g	kleine Strauchtomaten
1	Zucchini (etwa 350 g)
1 Bund	Radieschen
200 g	Sojabohnensprossen
250 g	Champignons
2 EL	Olivenöl
1 EL	Zitronensaft

Für die Sauce:

1 Becher (150 g)	Crème fraîche
4 EL	Schlagsahne
1 EL	Sherryessig
	Salz
	frisch gemahlener Pfeffer
etwas	Zucker
2 EL	gehackte Kräuter, z. B. Kerbel, Estragon, Basilikum

Pro Portion:
E: 6 g, F: 31 g, Kh: 11 g,
kJ: 1493, kcal: 357

1. Tomaten waschen, abtropfen lassen und kreuzweise einschneiden, kurz in kochendes Wasser legen und in kaltem Wasser abschrecken. Tomaten enthäuten, die Stängelansätze herausschneiden und Tomaten achteln.

2. Zucchini waschen, abtrocknen, die Enden abschneiden und Zucchini mit einem Messer, Sparschäler oder einer Aufschnittmaschine längs in dünne Scheiben schneiden. Radieschen putzen, waschen und in Scheiben schneiden.

3. Sojabohnensprossen verlesen, auf ein Sieb geben, kalt abspülen und abtropfen lassen. ½–1 Minute in kochendes Wasser tauchen, kalt abspülen und abtropfen lassen. Champignons putzen, mit Küchenpapier abreiben, evtl. abspülen, in Scheiben schneiden und mit Öl und Zitronensaft beträufeln. Die vorbereiteten Zutaten auf Tellern oder einer großen Platte anrichten.

4. Für die Sauce Crème fraîche mit Sahne und Essig verrühren und mit Salz, Pfeffer und Zucker würzen. Kräuter unterrühren. Die Sauce über die Salatzutaten geben und sofort servieren.

Tipp: Der Rohkostsalat schmeckt lecker zu kurz gebratenem oder gegrilltem Fleisch. Anstelle der frischen Kräuter können Sie auch TK-Basilikum oder eine TK-Kräutermischung verwenden.

Salate

Brotsalat
Vitamine in vielseitiger Form

4 Portionen – Zubereitungszeit: 40 Min., ohne Abkühlzeit

pro Portion
1,75 EUR

300 g	altbackenes Fladenbrot
3	Knoblauchzehen
4 EL	Olivenöl
250 g	Cocktailtomaten
2	rote Zwiebeln
1	rote Paprikaschote
1	kleine Salatgurke (etwa 500 g)
1 Bund	glatte Petersilie
15	entsteinte Kräuteroliven
3 EL	geschälte Kürbiskerne
	Salz
	frisch gemahlener Pfeffer
	Saft von
3	Zitronen
6 EL	Olivenöl

Pro Portion:
E: 10 g, F: 37 g, Kh: 38 g,
kJ: 2302, kcal: 549

1. Fladenbrot in etwa 1 cm große Würfel schneiden. Knoblauch abziehen und fein würfeln. Öl in einer Pfanne erhitzen und die Brotwürfel darin anrösten. Kurz bevor die Brotwürfel fertig sind, die Knoblauchwürfel hinzufügen und mitbraten. Die Brotwürfel aus der Pfanne nehmen und abkühlen lassen.

2. Cocktailtomaten waschen, abtrocknen und evtl. die Stängelansätze entfernen. Große Tomaten evtl. halbieren. Zwiebeln abziehen, halbieren, in dünne Scheiben schneiden und in Ringe teilen. Paprikaschote vierteln, entstielen, entkernen und die weißen Scheidewände entfernen, die Schote waschen und in Würfel schneiden.

3. Gurke waschen, abtrocknen und die Enden abschneiden. Gurke längs vierteln und in Stücke schneiden. Petersilie kalt abspülen, trocken tupfen, die Blättchen von den Stängeln zupfen und fein schneiden.

4. Das vorbereitete Gemüse in einer Schüssel mit Petersilie, Oliven und Kürbiskernen mischen. Mit Salz, Pfeffer und Zitronensaft würzen und mit Öl beträufeln. Die Brotwürfel unterheben und den Salat sofort servieren.

Tipp: Salat und Brotwürfel erst kurz vor dem Verzehr mischen, damit die Brotwürfel nicht durchweichen. Wenn Sie den Salat einige Zeit vor dem Verzehr zubereiten, die Brotwürfel getrennt aufbewahren.

Salate

Bulgursalat
Lässt sich gut vorbereiten

4 Portionen – Zubereitungszeit: 40 Minuten, ohne Abkühl- und Durchziehzeit

pro Portion
1,25 EUR

200 g	grober Bulgur (Weizengrütze)
400 ml	Gemüsebrühe
250 g	Salatgurke
2	Fleischtomaten
1	gelbe Paprikaschote
1 Bund	Frühlingszwiebeln
1 Bund	glatte Petersilie
1 Zweig	Minze

Für die Sauce:

4 EL	Zitronensaft
	Salz
	frisch gemahlener Pfeffer
etwas	Zucker
	gemahlener Kreuzkümmel (Cumin)
6–8 EL	Olivenöl

Pro Portion:
E: 8 g, F: 23 g, Kh: 38 g,
kJ: 1725, kcal: 412

1. Bulgur in einem heißen Topf ohne Fett etwa 1 Minute anrösten. Brühe hinzugießen, alles aufkochen und bei schwacher Hitze zugedeckt 15 Minuten ausquellen lassen. Abkühlen lassen, dabei mehrmals durchrühren.

2. Gurke waschen, abtrocknen, die Enden abschneiden und die Gurke in kleine Würfel schneiden. Tomaten waschen, abtrocknen, die Stängelansätze herausschneiden und Tomaten in kleine Würfel schneiden.

3. Paprikaschote halbieren, entstielen, entkernen und die weißen Scheidewände entfernen, Schote waschen und fein würfeln. Frühlingszwiebeln putzen, waschen, abtropfen lassen und in feine Ringe schneiden.

4. Petersilie und Minze kalt abspülen, trocken tupfen, die Blättchen von den Stängeln zupfen und fein schneiden.

5. Für die Sauce Zitronensaft mit Salz, Pfeffer, Zucker und Kreuzkümmel verrühren. Öl unterschlagen. Die vorbereiteten Zutaten mit der Sauce vermischen.

Tipp: Bulgur bekommen Sie im gut sortierten Supermarkt, im Reformhaus oder Bioladen. Nach Belieben einige Blätter Römersalat putzen, waschen, trocken schleudern und den Salat darauf anrichten.

Abwandlung: Anstelle von Bulgur können Sie auch nach Packungsanleitung gegarten Couscous verwenden oder eingeweichte, gut abgetropfte Dinkelkörner anrösten.

Salate

Sommersalat mit Joghurtsauce

Da werden die Gäste staunen

4 Portionen – Zubereitungszeit: 30 Min.

pro Portion
1,35 EUR

½ Kopf	Blumenkohl
	Wasser
1 TL	Salz
1	kleiner, fester Eisbergsalat
1	kleine Salatgurke
50 g	Brunnenkresse
4	Tomaten

Für die Joghurtsauce:

150 g	Joghurt
3 EL	Schlagsahne
2 EL	Schmand
1 EL	Sherryessig
2 EL	Sherry (fino)
	Salz
	frisch gemahlener Pfeffer

Pro Portion:
E: 5 g, F: 7 g, Kh: 8 g,
kJ: 536, kcal: 128

Tipp: Probieren Sie den Sommersalat statt mit der Joghurtsauce mit einer Roquefortsauce. Dazu etwa 75 g Roquefort mit einer Gabel zerdrücken und mit 4 Esslöffeln Schlagsahne, 2 Esslöffeln Crème fraîche, 1 Esslöffel Sherryessig und 1 Esslöffel Sherry (medium) verrühren, mit Salz und Pfeffer abschmecken.

1. Von dem Blumenkohl die Blätter und schlechten Stellen entfernen. Den Strunk herausschneiden und den Blumenkohl in Röschen schneiden. Röschen waschen und mit Wasser und Salz in einem Topf zum Kochen bringen, in etwa 5 Minuten bissfest garen, anschließend auf einem Sieb abtropfen lassen.

2. Von dem Eisbergsalat die äußeren, welken Blätter entfernen. Einige große Blätter vom Strunk lösen. Restlichen Salat halbieren und in Streifen schneiden. Salat waschen und gut abtropfen lassen oder trocken schleudern.

3. Salatgurke waschen, abtrocknen und die Enden abschneiden. Gurke in feine Scheiben hobeln. Kresse abschneiden, abspülen und trocken tupfen.

4. Tomaten waschen, abtrocknen, halbieren und die Stängelansätze entfernen. Tomaten in Scheiben schneiden.

5. Einen großen Teller mit den Eisbergsalatblättern belegen. Salatstreifen, Gurken- und Tomatenscheiben, Kresse und Blumenkohlröschen vorsichtig miteinander vermischen und auf den Salatblättern anrichten.

6. Für die Joghurtsauce Joghurt mit Sahne, Schmand, Essig und Sherry verrühren, mit Salz und Pfeffer abschmecken und über den Salat gießen.

Suppen

Ratatouille-Suppe
Kommt aus Frankreich

4 Portionen – Zubereitungszeit: 50 Min.

pro Portion 0,80 EUR

1	Aubergine (etwa 200 g)
1	Zucchini (etwa 200 g)
½	Gemüsezwiebel (etwa 100 g)
1	Knoblauchzehe
je ½	rote und gelbe Paprikaschote
einige Stängel	Thymian
3 EL	Olivenöl
1 Dose	geschälte Tomaten (Einwaage 400 g)
500 ml (½ l)	Gemüsebrühe
1–2 TL	gerebelte Kräuter der Provence
1–2 TL	Tomatenmark
	Salz
	frisch gemahlener Pfeffer
	Paprikapulver edelsüß

Pro Portion:
E: 3 g, F: 8 g, Kh: 8 g,
kJ: 504, kcal: 120

1. Aubergine und Zucchini waschen, abtrocknen, Stängelansätze und Enden abschneiden und beide Zutaten in Würfel schneiden. Gemüsezwiebel und Knoblauch abziehen und würfeln.

2. Paprikaschoten putzen, die halben Schoten waschen und ebenfalls in Würfel schneiden. Thymian abspülen, trocken tupfen und die Blättchen von den Stängeln zupfen. Jeweils etwa 50 g der Auberginen-, Zucchini- und Paprikawürfel zum Garnieren beiseite stellen.

3. Von dem Öl 2 Esslöffel in einem Topf erhitzen. Zwiebel-, Knoblauch- und Gemüsewürfel darin unter Rühren andünsten. Tomaten mit der Flüssigkeit, Gemüsebrühe, Kräuter der Provence und Thymianblättchen hinzufügen, alles zum Kochen bringen und etwa 20 Minuten zugedeckt bei schwacher Hitze kochen lassen.

4. In der Zwischenzeit die zurückgelassenen Gemüsewürfel in dem restlichen Öl anbraten. Die Suppe anschließend pürieren und mit Tomatenmark, Salz, Pfeffer und Paprikapulver abschmecken. Die angebratenen Gemüsewürfel in die Suppe geben.

Tipp: Servieren Sie als Beilage mit Käse überbackene Baguettescheiben. Dazu 4 Baguettescheiben auf ein mit Backpapier belegtes Backblech legen und mit 50 g geriebenem Parmesan-Käse bestreuen. Das Backblech in den Backofen schieben und die Baguettescheiben bei 200 °C (Ober-/Unterhitze) überbacken, bis der Käse goldbraun ist.

Suppen

Hühnerbrühe

Einfach und trotzdem unglaublich lecker

6 Portionen – Zubereitungszeit: 30 Min. – Kochzeit: 2–3 Std.

pro Portion 1,50 EUR

1	Suppenhuhn (etwa 1,5 kg)
1 EL	Salz
1 Bund	Suppengrün (Möhren, Porree, Sellerie)
1	Knoblauchzehe
10	Pfefferkörner
2	Lorbeerblätter
1	Kräutersträußchen (Petersilie, Thymian)

Pro Portion:
E: 22 g, F: 17 g, Kh: 1 g,
kJ: 1025, kcal: 245

1. Suppenhuhn gründlich von innen und außen waschen, wenn nötig Innereien entfernen. Huhn in einen großen Topf legen und salzen.

2. Das Gemüse putzen, waschen, schälen, grob zerteilen und in den Topf geben. Knoblauch abziehen und grob hacken, mit den Gewürzen ebenfalls in den Topf geben. Alles mit Wasser bedecken und ohne Deckel 2–3 Stunden köcheln lassen, evtl. etwas Wasser nachgießen.

3. Etwa 15 Minuten vor Ende der Garzeit das Kräutersträußchen in die Suppe geben und ziehen lassen. Huhn aus der Suppe nehmen, die Brühe durch ein feines Sieb gießen.

4. Das Huhn enthäuten, das Fleisch von den Knochen lösen und als Suppeneinlage verwenden.

Tipp: Die Hühnerbrühe ist die ideale Basis für Risotto, ergibt aber mit frischen Kräutern und ein paar Gemüsestreifen eine tolle Suppe. Die Suppe mit Portwein oder Sherry abschmecken. Die Hühnerbrust für eine Vorspeise in dünne Scheiben schneiden und mit Vinaigrette beträufeln. Das Fleisch kann man auch für Salat oder ein Sandwich verwenden. Die Brühe lässt sich gut einfrieren.

Suppen

Französische Zwiebelsuppe

Der Klassiker aus Frankreich – für Gäste

4 Portionen – Zubereitungszeit: 40 Min.

pro Portion
0,70 EUR

Für die Suppe:

etwa 600 g	Zwiebeln
50 g	Butter oder Margarine
850 ml	Gemüsebrühe
150 ml	trockener Weißwein
	Salz
	geschroteter weißer Pfeffer

Für die Baguettescheiben:

30 g	Butter
4 Scheiben	Baguette
30 g	geriebener Parmesan

Pro Portion:
E: 6 g, F: 19 g, Kh: 15 g,
kJ: 1194, kcal: 285

1. Zwiebeln abziehen, halbieren und in dünne Scheiben schneiden oder hobeln. Butter oder Margarine in einem Topf zerlassen. Die Zwiebelscheiben darin unter Rühren bei mittlerer Hitze goldgelb andünsten.

2. Gemüsebrühe hinzugießen, zum Kochen bringen und die Zwiebelscheiben zugedeckt bei mittlerer Hitze in 10–15 Minuten darin gar kochen. Wein in die Suppe geben und die Suppe mit Salz und Pfeffer würzen.

3. In der Zwischenzeit den Backofengrill vorheizen. Butter in einer großen Pfanne zerlassen und die Baguettescheiben darin von beiden Seiten goldgelb rösten herausnehmen.

4. Die Zwiebelsuppe in große, hitzebeständige Suppentassen füllen, die Baguettescheiben darauf verteilen und mit Parmesan bestreuen. Die Suppentassen auf dem Rost in den Backofen schieben und die Suppe unter dem vorgeheizten Grill kurz überbacken, bis der Käse leicht gebräunt ist.

5. Die Zwiebelsuppe sofort servieren.

Tipp: Die Zwiebelsuppe als kleines Gericht servieren. Als Vorspeise reicht die Menge für 6 Portionen, dann 45 g Butter, 6 Baguettescheiben und 45 g Parmesan verwenden. Falls Sie keine hitzebeständigen Suppentassen haben, können Sie die Baguettescheiben auch getrennt zubereiten.

Suppen

Tomatensuppe mit Pesto

Schnell zubereitet – und gefriergeeignet

4 Portionen – Zubereitungszeit: 40 Min.

pro Portion
1,05 EUR

Für die Suppe:

1,2 kg	Fleischtomaten
2	Zwiebeln
1	Knoblauchzehe
2 EL	Speiseöl
650 ml	Gemüsebrühe
½ TL	Salz
	frisch gemahlener Pfeffer
½–1 EL	Balsamico-Essig
1 Prise	Zucker
4 TL	grünes Pesto

Pro Portion:
E: 4 g, F: 8 g, Kh: 9 g,
kJ: 552, kcal: 131

1. Für die Suppe Tomaten waschen, abtrocknen, halbieren und die Stängelansätze herausschneiden. Tomaten grob würfeln. Zwiebeln und Knoblauch abziehen und in feine Würfel schneiden. Öl in einem Topf erhitzen und Zwiebel- und Knoblauchwürfel darin andünsten.

2. Tomatenstücke hinzugeben und unter mehrmaligem Wenden kurz mit andünsten. Brühe hinzugießen und mit Salz und Pfeffer würzen. Die Zutaten zum Kochen bringen und zugedeckt etwa 15 Minuten leicht köcheln lassen, bis die Tomaten zerfallen sind. Die Suppe pürieren und durch ein Sieb passieren, um Kerne und Fruchtschalen zu entfernen.

3. Die Suppe nochmals kurz erhitzen und mit Salz, Pfeffer, Balsamico-Essig und Zucker abschmecken. Die Suppe mit je 1 Teelöffel Pesto anrichten.

Tipp: Fleischtomaten schmecken im Sommer besonders aromatisch. Wenn Sie keine Fleischtomaten bekommen, so verwenden Sie runde Tomaten. Diese sind nicht so schnittfest und schmecken nicht so süß. Für das Rezept dann 1–2 Prisen Zucker mehr verwenden. Die Tomatensuppe lässt sich prima auf Vorrat einfrieren. Die Suppe nach dem Auftauen frisch abschmecken und mit Pesto anrichten.

Suppen

Möhrensuppe mit Ingwer
Schmeckt zu jeder Jahreszeit

6 Portionen – Zubereitungszeit: 50 Min.

1 kg	Möhren
1	Zwiebel
60 g	frischer Ingwer
60 g	Butter oder Margarine
1 EL	Currypulver
1 l	Gemüsebrühe
	Salz
	frisch gemahlener Pfeffer
1 Dose (400 ml)	Kokosmilch
300 g	gekochter Schinken
200 g	Schlagsahne
30 g	abgezogene, gehobelte Mandeln
einige	Minzeblättchen

Pro Portion:
E: 16 g, F: 35 g, Kh: 11 g,
kJ: 1797, kcal: 431

1. Möhren putzen, schälen und waschen. Zwiebel abziehen. Beide Zutaten in Würfel schneiden. Ingwer schälen und ganz fein würfeln.

2. Butter oder Margarine in einem großen Topf zerlassen und Möhren-, Zwiebel- und Ingwerwürfel darin andünsten. Currypulver darüber stäuben und gut verrühren. Gemüsebrühe hinzugießen, alles zum Kochen bringen und etwa 20 Minuten kochen lassen.

3. Die Suppe fein pürieren und mit Salz und Pfeffer würzen. Kokosmilch hinzufügen, alles unter Rühren wieder zum Kochen bringen und unter gelegentlichem Umrühren etwa 10 Minuten kochen lassen.

4. In der Zwischenzeit den Schinken in Würfel schneiden. Sahne halb steif schlagen. Schinkenwürfel in die Suppe geben und darin erhitzen.

5. Die Suppe mit Sahne, Mandelblättchen und Minzeblättchen garniert servieren.

Tipp: Nach Belieben die Mandeln in einer Pfanne ohne Fett bräunen.

Suppen

pro Portion
1,70 EUR

Kartoffelsuppe mit Hackfleischbällchen
Meine Suppe ess ich nicht, gibt´s nicht

4 Portionen – Zubereitungszeit: 50 Min.

Für die Hackfleischbällchen:
1	Brötchen (Semmel) vom Vortag
1	Zwiebel
1 Bund	glatte Petersilie
400 g	Rindergehacktes
1	Ei (Größe M)
	Salz
	frisch gemahlener Pfeffer
	geriebene Muskatnuss
750 ml (¾ l)	Gemüsebrühe

Für die Kartoffelsuppe:
100 g	durchwachsener Speck
3	Zwiebeln
600 g	Kartoffeln
1 Stange	Porree (Lauch)
2	Tomaten
30 g	Butterschmalz
	Salz
	frisch gemahlener Pfeffer
½ TL	Majoran
100 g	Schlagsahne
2 EL	gehackte Petersilie

Zum Garnieren:
einige	Majoranblättchen

Pro Portion:
E: 32 g, F: 33 g, Kh: 29 g,
kJ: 2283, kcal: 545

1. Für die Hackfleischbällchen Brötchen in kaltem Wasser einweichen und gut ausdrücken. Zwiebel abziehen, fein würfeln. Petersilie abspülen, trocken tupfen, Blättchen fein hacken. Gehacktes mit Brötchen, Zwiebelwürfel, Petersilie und Ei gut vermengen, mit Salz, Pfeffer und Muskat würzen.

2. Aus der Gehacktesmasse mit angefeuchteten Händen kleine Bällchen formen. Brühe in einem Topf zum Kochen bringen und Hackfleischbällchen etwa 10 Minuten darin ziehen lassen. Bällchen herausnehmen und die Brühe beiseite stellen.

3. Für die Suppe Speck in Würfel schneiden. Zwiebeln abziehen. Kartoffeln schälen, abspülen. Zwiebeln und Kartoffeln in Würfel schneiden. Porree putzen, waschen und in kleine Stücke schneiden. Tomaten kreuzweise einschneiden, kurz in kochendes Wasser legen, kalt abschrecken, enthäuten, halbieren, entkernen und Stängelansätze herausschneiden. Fruchtfleisch in Würfel schneiden.

4. Butterschmalz in einem Topf erhitzen und Speckwürfel darin auslassen. Zwiebelwürfel hinzugeben und glasig dünsten. Kartoffelwürfel mit den Porreestücken hinzufügen und mit andünsten. Mit Salz, Pfeffer und Majoran würzen. Die beiseite gestellte Brühe hinzugießen, zum Kochen bringen und etwa 15 Minuten kochen lassen. Sahne, Petersilie und Tomatenwürfel unterrühren, erhitzen und die Suppe mit Salz, Pfeffer und Majoran abschmecken. Die Hackfleischbällchen in der Suppe miterhitzen und mit Majoran garnieren.

Suppen

Frühlingszwiebelsuppe

Besonders lecker, durch den Schuss Weißwein

4 Portionen – Zubereitungszeit: 55 Min.

Für die Käse-Kräuter-Bällchen:

1	Brötchen (Semmeln)
100 g	Gouda
½ Bund	Petersilie
1	Ei (Größe S)
15 g	Speisestärke
40–50 g	Semmelbrösel
	Salz
	frisch gemahlener Pfeffer
	geriebene Muskatnuss
	heißes Salzwasser

Für die Suppe:

2 Bund	Frühlingszwiebeln (500 g)
50 g	Butter
1 ½ EL	Weizenmehl
100 ml	trockener Weißwein
750 ml (¾ l)	Gemüsebrühe
2	Tomaten (etwa 125 g)
100 g	Schlagsahne
	Salz
	frisch gemahlener Pfeffer

Pro Portion:

E: 11 g, F: 25 g, Kh: 27 g,
kJ: 1707, kcal: 408

1. Für die Käsebällchen Brötchen in kaltem Wasser einweichen. Gouda in Würfel schneiden. Petersilie kalt abspülen, trocken tupfen, die Blättchen pürieren oder fein hacken. Das ausgedrückte Brötchen mit Ei, Speisestärke, Semmelbröseln und Petersilie verkneten. Die Masse mit Salz, Pfeffer und Muskat würzen.

2. Aus der Masse kleine Bällchen formen, dabei je einen Käsewürfel mit eindrehen. Die Bällchen in siedendem Salzwasser etwa 5 Minuten garen, bis sie an der Oberfläche schwimmen und mit einem Schöpflöffel herausnehmen.

3. Für die Suppe Frühlingszwiebeln putzen, waschen und in Ringe schneiden. Butter in einem Topf erhitzen und Zwiebelringe darin andünsten. Mehl darüber stäuben und unter Rühren so lange erhitzen, bis das Mehl hellgelb ist.

4. Weißwein und Gemüsebrühe hinzugießen und mit einem Schneebesen durchschlagen, dabei darauf achten, dass keine Klümpchen entstehen. Alles zum Kochen bringen und etwa 15 Minuten bei schwacher Hitze köcheln lassen.

5. Tomaten kreuzweise einschneiden und kurz in kochendes Wasser legen, mit kaltem Wasser abschrecken. Tomaten enthäuten und die Stängelansätze herausschneiden, Tomaten entkernen und in Würfel schneiden. Tomatenwürfel und Sahne in die Suppe geben und erhitzen. Die Suppe mit Salz und Pfeffer würzen. Vor dem Servieren die Käsebällchen in die Suppe geben.

Suppen

Kürbis-Möhren-Suppe mit Chili und Koriander

Unschlagbar kalorienarm

4 Portionen – Zubereitungszeit: 35 Min. – Garzeit: 20–25 Min.

300 g	rotfleischiger Kürbis (z. B. Muskatkürbis, vorbereitet gewogen)
200 g	Möhren
100 g	rote Zwiebeln
2	kleine rote Chilischoten
2	Knoblauchzehen
2 EL	Sonnenblumenkernöl
1 ½ l	Gemüsebrühe
1 Bund	Koriander
4 EL	Sonnenblumenkernöl
	Salz

Pro Portion:
E: 3 g, F: 16 g, Kh: 8 g,
kJ: 769, kcal: 184

1. Kürbis schälen und halbieren. Die Kerne mit einem Löffel herauskratzen und Kürbisfleisch in große Würfel schneiden und wiegen (300 g). Möhren putzen, schälen, waschen, abtropfen lassen und ebenfalls in Würfel schneiden. Zwiebeln abziehen und fein würfeln. Chilischoten abspülen, abtrocknen, halbieren, entkernen und in feine Ringe schneiden. Knoblauch abziehen und durch eine Knoblauchpresse drücken.

2. Kürbis-, Möhren-, Zwiebelwürfel, Chiliringe und Knoblauch in 2 Esslöffeln Öl andünsten, Brühe zugeben und in 20–25 Minuten gar kochen.

3. Die Suppe pürieren. Koriander abspülen und trocken tupfen. Die Blättchen von den Stängeln zupfen, klein schneiden und in einen hohen Becher geben. Die Hälfte des Sonnenblumenöls und eine Prise Salz hinzufügen. Die Zutaten mit einem Pürierstab fein pürieren. Restliches Sonnenblumenöl hinzugeben und nochmals pürieren.

4. Die Suppe mit Salz abschmecken und auf Teller verteilen. Jeweils mit einem Klecks Korianderöl garnieren und sofort servieren.

Tipp: Anstelle des Korianderöls können Sie auch Kürbiskernöl verwenden. Wer keinen Koriander mag, kann auch auf Minze ausweichen. Wenn Sie die Suppe etwas sämiger mögen, dann garen Sie 300 g Kartoffelwürfel mit.

Suppen

Süß-saure Hackfleischsuppe

Schnell gemacht und günstig

4 Portionen – Zubereitungszeit: 35 Min.

1	dicke Zwiebel
2	Knoblauchzehen
500 g	Gehacktes (halb Rind-, halb Schweinefleisch)
2–3 EL	Speiseöl
	Salz
	frisch gemahlener Pfeffer
80 g	Langkornreis
1 l	Gemüsebrühe
175 g	Zucchini
100 g	Cocktailtomaten
175 ml	süß-saure Asia-Sauce
100 g	TK-Erbsen
	Cayennepfeffer

Pro Portion:
E: 28 g, F: 39 g, Kh: 37 g,
kJ: 2711, kcal: 645

1. Zwiebel und Knoblauch abziehen. Zwiebel in grobe Würfel schneiden und Knoblauch fein hacken.

2. Gehacktes in etwa 1 Esslöffel Öl anbraten, dabei die Fleischklümpchen zerdrücken und mit Salz und Pfeffer würzen.

3. Das restliche Öl in einem Topf erhitzen und Zwiebel, Knoblauch und Reis darin andünsten. Brühe dazugeben, alles zum Kochen bringen und den Reis im geschlossenen Topf bei schwacher Hitze etwa 8 Minuten kochen.

4. In der Zwischenzeit Zucchini waschen, abtrocknen und die Enden abschneiden, Zucchini der Länge nach halbieren und in Scheiben schneiden. Cocktailtomaten waschen und halbieren.

5. Angebratenes Gehacktes, Asia-Sauce und Zucchinischeiben zu dem Reis geben, alles wieder zum Kochen bringen und etwa 5 Minuten weitergaren.

6. Cocktailtomaten und unaufgetaute Erbsen in die Suppe geben und alles etwa 5 Minuten köcheln lassen. Die Suppe mit Cayennepfeffer abschmecken.

Beilage: Baguette.

Tipp: Die Suppe vor dem Servieren mit 2 Esslöffeln fein geschnittenem Schnittlauch oder gehackter Petersilie bestreuen.

Geflügel-Kokos-Suppe

Das lieben Gäste – mal exotisch genießen

8–10 Portionen – Zubereitungszeit: 40 Min.

pro Portion
1,05 EUR

Für das Paprikaöl:
2 EL	Speiseöl
1 TL	Paprikapulver edelsüß

Für die Suppe:
4	Hähnchenbrustfilets (je etwa 150 g)
4	Schalotten
2	kleine Möhren
2 Stangen	Porree (Lauch, etwa 400 g)
3–4 Stängel	frischer Koriander
2 EL	Speiseöl
2 EL	Weizenmehl
2 l	Hühnerbrühe
1 Dose (400 ml)	ungesüßte Kokosmilch
	Salz
	frisch gemahlener Pfeffer

Pro Portion:
E: 41 g, F: 11 g, Kh: 23 g,
kJ: 1494, kcal: 357

1. Für das Paprikaöl Öl und Paprikapulver verrühren und beiseite stellen. Das Öl nimmt nach 10–15 Minuten eine rötliche Farbe an.

2. Für die Suppe in der Zwischenzeit Hähnchenbrustfilets unter fließendem kalten Wasser abspülen, trocken tupfen und in Streifen oder Würfel schneiden.

3. Schalotten abziehen und würfeln. Möhren putzen, schälen, waschen und ebenfalls in Würfel schneiden. Porree putzen, die Stangen längs halbieren, gründlich waschen, abtropfen lassen und in Streifen schneiden. Koriander abspülen, trocken tupfen und die Blättchen von den Stängeln zupfen.

4. Öl in einem großen Topf erhitzen. Die Fleischstreifen oder -würfel darin rundherum anbraten und herausnehmen.

5. In dem verbliebenen Fett Schalotten- und Möhrenwürfel und Porreestreifen andünsten. Mehl darüber stäuben und kurz unter Rühren andünsten lassen. Hühnerbrühe und Kokosmilch unter Rühren hinzugießen, glatt rühren und alles unter gelegentlichem Rühren zum Kochen bringen. Das Fleisch wieder hinzufügen und die Suppe bei schwacher Hitze zugedeckt etwa 10 Minuten kochen lassen.

6. Zum Schluss die Suppe mit Salz und Pfeffer würzen. Die Suppe auf Teller verteilen, einige Tropfen Paprikaöl darauf träufeln (am besten mit einer Gabel) und die Suppe mit Korianderblättchen garnieren.

Eintöpfe

Grünkohleintopf
Schmeckt deftig und wärmt

4 Portionen – Zubereitungszeit: 80 Min.

500 g	Grünkohl, gestrippt
2	Zwiebeln
4 EL	Olivenöl
60 g	Räucherschinkenwürfel
1 l	Fleischbrühe
1 EL	mittelscharfer Senf
6	Pimentkörner
	Salz
	frisch gemahlener Pfeffer
500 g	Kartoffeln
200 g	Möhren
4	Räuchermettwürstchen

Pro Portion:
E: 26 g, F: 42 g, Kh: 23 g,
kJ: 2408, kcal: 579

1. Grünkohl gründlich waschen, in kochendem Wasser etwa 2 Minuten blanchieren, abgießen und mit kaltem Wasser abschrecken, abtropfen lassen und fein zerhacken.

2. Zwiebeln abziehen und in kleine Würfel schneiden. Öl in einem Topf erhitzen und Zwiebelwürfel darin andünsten, Schinkenwürfel zugeben, anbraten und mit Fleischbrühe auffüllen. Grünkohl zugeben und aufkochen lassen.

3. Mit Senf, Piment, Salz und Pfeffer würzen und etwa 30 Minuten köcheln lassen. Inzwischen Kartoffeln schälen, waschen und in kleine Würfel schneiden. Möhren putzen, schälen, waschen, abtropfen lassen und in Scheiben schneiden. Kartoffelwürfel und Möhrenscheiben zum Grünkohl geben, mit Salz und Pfeffer würzen und weitere 30 Minuten köcheln.

4. Mettwürstchen in Scheiben schneiden, 5 Minuten mit erhitzen, nochmals abschmecken und servieren.

Tipp: Sie können auch TK-Grünkohl (angetaut) verwenden.

Info: Grünkohl, auch Braunkohl, wird von Ende September bis Februar/März geerntet. Wird er erst nach dem ersten Frost geerntet, wird sein Geschmack feiner und er wird bekömmlicher.

Eintöpfe

pro Portion
1,60 EUR

Kartoffel-Mais-Topf mit Kidneybohnen

Alles aus einem Topf – schmeckt auch am nächsten Tag

4 Portionen – Zubereitungszeit: 45 Min.

500 g	kleine vorwiegend festkochende Kartoffeln
	Salz
1	Zwiebel
1	Knoblauchzehe
2 Scheiben (etwa 35 g)	Frühstücksspeck (Bacon)
1 EL (20 g)	Butter oder Margarine
400 ml	klare Fleischbrühe
1 EL (20 g)	Tomatenmark
1 Dose	Gemüsemais (Abtropfgewicht 285 g)
1 kleine Dose	Kidneybohnen (Abtropfgewicht 250 g)
	Cayennepfeffer
250 g	Champignons
2	kleine Pfefferbeißer (Schinkenmettwurst, je 40 g)

Pro Portion:
E: 18 g, F: 15 g, Kh: 37 g,
kJ: 1498, kcal: 358

1. Kartoffeln waschen und in Salzwasser 20–25 Minuten gar kochen. Kartoffeln abgießen, pellen, beiseite stellen und abkühlen lassen.

2. Zwiebel und Knoblauch abziehen und beides fein würfeln. Frühstücksspeck in kleine Würfel schneiden. Butter oder Margarine in einem Topf zerlassen und den klein gewürfelten Speck darin knusprig auslassen. Dann Zwiebel- und Knoblauchwürfel dazugeben und goldgelb andünsten.

3. Brühe mit Tomatenmark hinzugeben und alles unter Rühren zum Kochen bringen, damit sich das Tomatenmark auflöst.

4. Mais und Kidneybohnen auf ein Sieb geben, kalt abspülen und abtropfen lassen. Die beiseite gestellten Kartoffeln vierteln. Mais, Kidneybohnen und Kartoffeln zur Brühe geben. Alles mit Salz und Cayennepfeffer würzen, umrühren und bei mittlerer Hitze zugedeckt etwa 5 Minuten garen.

5. Inzwischen Champignons putzen, mit Küchenpapier abreiben und vierteln. Die Pfefferbeißer in Scheiben schneiden. Champignons und Pfefferbeißer zur Suppe geben und alles weitere 5 Minuten garen. Die Suppe vor dem Servieren mit Salz und Cayennepfeffer abschmecken.

Tipp: Haben Sie Pellkartoffeln vom Vortag übrig, so können Sie diese für die Suppe verwenden. Statt Pfefferbeißer schmecken auch Knackwürstchen. Diese Variante schmeckt Kindern besonders gut.

Eintöpfe

Puten-Gemüse-Topf

Schmeckt auch aufgewärmt

4 Portionen – Zubereitungszeit: 60 Min.

500 g	Putenfleisch (aus Keule und Brust, ohne Haut und Knochen)
1 Bund	Suppengrün (Sellerie, Möhre, Porree)
200 g	Brokkoli
1 Dose	weiße Bohnen (Abtropfgewicht 450 g)
2 EL	Olivenöl
	Salz
	frisch gemahlener Pfeffer
etwas	Knoblauchpulver
500 ml (½ l)	Gemüsebrühe
250 g	Tomaten in Stücken (Tetra Pak)
1 Pck.	TK-Kräuter der Provence
½ Topf	Basilikum

Pro Portion:
E: 40 g, F: 7 g, Kh: 23 g,
kJ: 1351, kcal: 322

1. Putenfleisch unter fließendem kalten Wasser abspülen, trocken tupfen und in kleine Würfel schneiden.

2. Sellerie und Möhre schälen, putzen, abspülen, abtropfen lassen und in feine Würfel schneiden. Porree putzen, Stange längs halbieren, waschen, abtropfen lassen und in Streifen schneiden.

3. Von dem Brokkoli die Blätter entfernen. Brokkoli waschen, abtropfen lassen und in kleine Röschen teilen. Bohnen auf ein Sieb geben, mit kaltem Wasser kurz abspülen und abtropfen lassen.

4. Olivenöl in einem großen Topf erhitzen. Putenwürfel von allen Seiten darin anbraten und mit Salz, Pfeffer und Knoblauch bestreuen. Vorbereitetes Suppengrün hinzufügen und kurz mit andünsten. Brühe hinzugießen, zum Kochen bringen und die Zutaten zugedeckt bei schwacher Hitze etwa 30 Minuten garen.

5. Brokkoliröschen, Bohnen und Tomatenstücke mit dem Fond in den Fleischtopf geben. Kräuter der Provence unterrühren, alles mit Salz, Pfeffer und Knoblauch würzen, wieder zum Kochen bringen und zugedeckt weitere 15 Minuten garen.

6. In der Zwischenzeit Basilikum abspülen und trocken tupfen. Die Blättchen von den Stängeln zupfen. Den Puten-Gemüse-Topf nochmals abschmecken und mit Basilikumblättchen bestreut servieren.

Eintöpfe

Deftiger Kohltopf

Der Kümmel macht den Kohltopf bekömmlich

4 Portionen – Zubereitungszeit: etwa 45 Min.

pro Portion
1,55 EUR

500 g	Rosenkohl
1	Spitzkohl (etwa 500 g) oder ½ Kopf Wirsing (etwa 500 g)
600 g	festkochende Kartoffeln, z. B. Hansa
300 g	Cabanossi oder geräucherte Mettwürstchen
3 EL	Speiseöl
1 l	Gemüsebrühe
	Salz
	frisch gemahlener Pfeffer
	Kümmelsamen
½ Bund	glatte Petersilie

Pro Portion:
E: 16 g, F: 24 g, Kh: 14 g,
kJ: 1398, kcal: 334

1. Rosenkohl von schlechten Blättern befreien, etwas von dem Strunk abschneiden und die Rosenkohlröschen am Strunk kreuzförmig einschneiden. Rosenkohl waschen und abtropfen lassen. Von Spitzkohl oder Wirsing die groben äußeren Blätter entfernen und jeweils den Strunk herausschneiden. Spitzkohl oder Wirsing waschen, abtropfen lassen und in Stücke schneiden.

2. Kartoffeln waschen, schälen, abspülen und in Würfel schneiden. Cabanossi oder Mettwürstchen in dünne Scheiben schneiden.

3. Speiseöl in einem Bräter erhitzen und Kartoffelwürfel, Spitzkohl- oder Wirsingstücke, Rosenkohl und Wurstscheiben portionsweise darin andünsten. Brühe hinzugießen und mit Salz, Pfeffer und Kümmel würzen. Die Zutaten zum Kochen bringen und zugedeckt bei schwacher Hitze etwa 35 Minuten garen.

4. Petersilie abspülen und trocken tupfen. Die Blättchen von den Stängeln zupfen, fein hacken und unter den Kohltopf rühren. Mit Salz und Pfeffer abschmecken.

Beilage: Kleine Roggenbrötchen oder ein rustikales Bauernbrot.

Tipp: Dünsten Sie mit dem Gemüse je 2 abgezogene, gewürfelte Zwiebeln und Knoblauchzehen an.

Eintöpfe

Chili con Carne
Je nach Geschmack: scharf und würzig

4 Portionen – Zubereitungszeit: 35 Min. – Garzeit: etwa 45 Min.

pro Portion
1,90 EUR

1	Gemüsezwiebel
2	Knoblauchzehen
1	dicke Möhre
je 1	rote, gelbe und grüne Paprikaschote
1	Aubergine (etwa 250 g)
1	Zucchini (etwa 300 g)
2–3 EL	Olivenöl
300 g	Rindergehacktes (oder Gehacktes halb und halb)
1 Dose	geschälte Tomaten (Einwaage 800 g)
2 kleine Dosen	Kidneybohnen (Abtropfgewicht je 250 g)
1 Stängel	Rosmarin
1 kleines Bund	Thymian
1 EL	Chilipulver
	Salz
	frisch gemahlener Pfeffer

Pro Portion:
E: 32 g, F: 19 g, Kh: 38 g,
kJ: 1922, kcal: 458

1. Gemüsezwiebel und Knoblauch abziehen und in kleine Würfel schneiden. Möhre schälen, putzen, waschen und abtropfen lassen. Paprika vierteln, entstielen, entkernen und die Scheidewände entfernen. Aubergine und Zucchini waschen und Stängelansätze und Enden abschneiden. Alles in 1/2–1 cm kleine Würfel schneiden.

2. Olivenöl in einem Topf erhitzen. Zuerst Zwiebelwürfel und Gehacktes bei mittlerer Hitze darin leicht anbraten. Dann Möhrenwürfel, Paprika und Knoblauch und danach Auberginen und Zucchini dazugeben und mitdünsten.

3. Die Schältomaten pürieren und zusammen mit den Kidneybohnen (mit Flüssigkeit) in den Topf geben. Alles zum Kochen bringen und bei schwacher Hitze zugedeckt etwa 45 Minuten köcheln lassen. Dabei gelegentlich umrühren.

4. Rosmarin und Thymian abspülen, trocken tupfen, Nadeln und Blättchen von den Stängeln zupfen und hacken. 10 Minuten vor Ende der Garzeit die Kräuter und Chilipulver dazugeben, fertig kochen lassen und mit Salz und Pfeffer abschmecken.

Tipp: Schärfer wird das Chili mit einer frischen, gewürfelten Chilischote oder ein paar Spritzern Tabasco. Eine Nacht ziehen lassen und das Chili schmeckt doppelt so gut. Chili mit Nudeln essen oder frisches Baguette dazu reichen.

Eintöpfe

Italienischer Gemüse-Pilz-Eintopf

Schnell gemacht und ohne Fleisch

4 Portionen – Zubereitungszeit: 30 Min. – Garzeit: etwa 25 Min.

1	Fenchelknolle (etwa 250 g)
1	Zwiebel
5	Möhren
250 g	grüne Bohnen (frisch oder TK)
300 g	gemischte Pilze (Champignons, Pfifferlinge, Austernpilze)
3 EL	Olivenöl
jeweils etwas	frischer oder getrockneter Thymian und Rosmarin
1 l	Gemüsebrühe
	Salz
	frisch gemahlener Pfeffer
1 kleine Dose	geschälte Tomaten (Einwaage 425 g)
150 g	Orecchiette (italienische Öhrchennudeln)
2	Knoblauchzehen
150 g	Erbsen (frisch oder TK)

Pro Portion:
E: 14 g, F: 9 g, Kh: 43 g,
kJ: 1327, kcal: 317

1. Fenchel putzen, waschen und halbieren. Stielansatz herausschneiden und Fenchel in Streifen schneiden. Zwiebel schälen und in Würfel schneiden. Möhren putzen, schälen, waschen und in Streifen schneiden. Frische Bohnen abfädeln, abspülen und in Stücke schneiden. Pilze putzen und mit Küchenpapier abreiben. Große Pilze evtl. halbieren.

2. 1 Esslöffel von dem Öl in einem großen Topf erhitzen. Zwiebelwürfel darin andünsten. Fenchel, Möhren, Kräuter und Bohnen dazugeben und kurz mit andünsten.

3. Brühe dazugießen, aufkochen lassen und mit Salz und Pfeffer würzen. Alles etwa 10 Minuten bei schwacher Hitze köcheln lassen. Tomaten mit Flüssigkeit dazugeben, Eintopf aufkochen lassen und weitere 10 Minuten köcheln lassen.

4. Nudeln nach Packungsanleitung in reichlich kochendem Salzwasser bissfest garen, dann abgießen, kurz kalt abspülen und gut abtropfen lassen.

5. Übriges Öl in einer Pfanne erhitzen, Knoblauch abziehen, durch eine Knoblauchpresse drücken und kurz darin andünsten. Pilze im heißen Knoblauchöl unter Wenden etwa 4 Minuten braten und dann mit Salz und Pfeffer würzen.

6. Erbsen, Pilze und vorgegarte Nudeln in den Eintopf geben und nochmals mit Salz und Pfeffer abschmecken. Den Eintopf bei schwacher Hitze weitere 3–5 Minuten köcheln lassen.

Eintöpfe

Gemüseeintopf mit Mettklößchen

Prima für Kinder

4 Portionen – Zubereitungszeit: 60 Min.

pro Portion 1,35 EUR

2	mittelgroße Zwiebeln
4	große Möhren
2 Stangen	Porree (Lauch)
500 g	Kartoffeln
250 g	Zucchini
50 g	Butter
1	Lorbeerblatt
1 TL	gehackter Rosmarin
1 TL	gehackter Thymian
	Salz
	frisch gemahlener Pfeffer
	geriebene Muskatnuss
750 ml (¾ l)	Gemüsebrühe
500 g	Thüringer Mett
einige Stängel	Petersilie

Pro Portion:
E: 28 g, F: 36 g, Kh: 24 g,
kJ: 2250, kcal: 538

1. Zwiebeln abziehen und in kleine Würfel schneiden. Möhren putzen, schälen, waschen, abtropfen lassen und ebenfalls in Würfel schneiden. Porree putzen, die Stangen längs halbieren, waschen, abtropfen lassen und in Streifen schneiden.

2. Kartoffeln schälen, abspülen, abtropfen lassen und in Würfel schneiden. Zucchini waschen, abtrocknen und die Enden abschneiden. Zucchini in Scheiben schneiden.

3. Butter in einem Topf zerlassen und Zwiebel-, Möhren- und Kartoffelwürfel darin andünsten, Kräuter hinzufügen. Mit Salz, Pfeffer und Muskat würzen.

4. Brühe hinzugießen, die Zutaten zum Kochen bringen und etwa 10 Minuten garen lassen, dann die Porreestreifen hinzufügen und weitere 5 Minuten garen.

5. Aus dem Mett mit nassen Händen kleine Klößchen formen. Mettklößchen mit den Zucchinischeiben zum Gemüse geben und weitere 5–10 Minuten gar ziehen lassen. Petersilie abspülen und trocken tupfen. Die Blättchen von den Stängeln zupfen und fein hacken.

6. Die Suppe auf Tellern anrichten und mit Petersilie bestreut servieren.

Tipp: Den Eintopf nach Belieben mit einem Rosmarinzweig garnieren.

Vitalküche

pro Portion
2,10 EUR

Gefüllte gelbe Paprikaschoten

Genuss pur – trotzdem kalorienarm

4 Portionen – Zubereitungszeit: 35 Min. – Garzeit: etwa 40 Min.

4	gelbe Paprikaschoten (je etwa 250 g)

Für die Füllung:

1	Zucchini (etwa 250 g)
1	Aubergine (etwa 250 g)
2	Fleischtomaten (je etwa 150 g)
1	grüne Paprikaschote (etwa 250 g)
	Wasser
	Salz
4 kleine Zweige	Rosmarin
3	Knoblauchzehen
3 EL	Olivenöl
1 TL	grüne Pfefferkörner in Lake
1 TL	rote Pfefferkörner in Lake
200 ml	Gemüsebrühe
einige	Rosmarinzweige (abgespült, trocken getupft)

Pro Portion:
E: 5 g, F: 11 g, Kh: 16 g
kJ: 801, kcal: 191

1. Von den Paprikaschoten am Stielende einen flachen Deckel abschneiden, die Schoten putzen und entkernen. Schoten und Deckel waschen und abtrocknen. Deckel beiseite legen.

2. Für die Füllung Zucchini und Aubergine waschen, abtrocknen und die Enden abschneiden. Zucchini und Aubergine in Würfel schneiden. Tomaten waschen, abtrocknen und die Stängelansätze herausschneiden. Grüne Paprikaschote putzen, waschen und abtropfen lassen. Tomaten und Paprika in Würfel schneiden. Den Backofen vorheizen.

3. Schoten etwa 5 Minuten, Deckel etwa 2 Minuten in kochendem Salzwasser blanchieren, auf ein Sieb geben und abtropfen lassen.

4. Rosmarin abspülen und trocken tupfen. Knoblauch abziehen und fein hacken. Olivenöl in einer Pfanne erhitzen und Gemüsewürfel und Rosmarinzweige unter Rühren darin andünsten. Knoblauch unterrühren, mit Salz würzen und abgetropfte Pfefferkörner untermengen.

5. Paprikaschoten mit der Gemüsemasse füllen. Deckel wieder auflegen und in eine Auflaufform geben. Brühe hinzugießen. Die Form auf dem Rost in den vorgeheizten Backofen schieben.

Ober-/Unterhitze: etwa 180 °C
Heißluft: etwa 160 °C
Garzeit: etwa 40 Minuten.

6. Paprika mit Rosmarin servieren.

Vitalküche

Backofengemüse

Das schmeckt nach Süden – und ganz ohne Fleisch

4 Portionen – Zubereitungszeit: 30 Min. – Garzeit: etwa 45 Min.

pro Portion
1,30 EUR

1 kg	festkochende, mittelgroße Kartoffeln
	Salz
	frisch gemahlener Pfeffer
7 EL	Olivenöl
400 g	rote Paprikaschoten
200 g	gelbe Paprikaschoten
400 g	Zucchini
2 Zweige	Rosmarin
4	Knoblauchzehen

Pro Portion:
E: 8 g, F: 19 g, Kh: 46 g,
kJ: 1640, kcal: 391

1. Den Backofen vorheizen. Kartoffeln unter fließendem kalten Wasser sehr gründlich abbürsten, trocken tupfen, längs vierteln und in eine Fettfangschale legen, mit Salz und Pfeffer bestreuen und mit 2 Esslöffeln Öl beträufeln. Die Fettfangschale in den vorgeheizten Backofen schieben.

Ober-/Unterhitze: etwa 180 °C
Heißluft: etwa 160 °C
Garzeit: etwa 20 Minuten.

2. In der Zwischenzeit Paprikaschoten vierteln, entstielen, entkernen und die weißen Scheidewände entfernen, die Schoten waschen und in kleine Stücke schneiden.

3. Zucchini waschen, abtrocknen, die Enden abschneiden und Zucchini in kleine Stücke schneiden. Das Gemüse salzen, pfeffern und mit dem restlichen Öl vermischen.

4. Rosmarinzweige abspülen und trocken tupfen. Knoblauch abziehen und die Zehen mit dem Gemüse und den Rosmarinzweigen zu den vorgegarten Kartoffeln geben. Alle Zutaten miteinander vermischen.

5. Die Fettfangschale wieder in den Backofen schieben und alles **bei der oben angegebenen Backofeneinstellung noch weitere 20–25 Minuten garen.**

Tipp: Das Backofengemüse als vegetarisches Hauptgericht pur oder mit Tomatensauce oder Kräuterquark servieren.

Vitalküche

Ofenkartoffeln mit Gemüse-Quark-Füllung

Die tolle Knolle – einfach vegetarisch

4 Portionen – Zubereitungszeit: etwa 20 Min. – Backzeit: etwa 60 Min.

pro Portion 1,10 EUR

4	große, festkochende Ofenkartoffeln (je etwa 250 g)	
je 1	kleine rote, grüne und gelbe Paprikaschote	
500 g	Speisequark (Magerstufe)	
1 Pck. (50 g)	gehackte TK-Küchenkräuter	
1 EL	geriebener Meerrettich (aus dem Glas)	
	Salz	
	frisch gemahlener Pfeffer	
1 Bund	glatte Petersilie	

Außerdem:

4 Bögen Alufolie

Pro Portion:

E: 23 g, F: 1 g, Kh: 45 g,
kJ: 1216, kcal: 290

1. Den Backofen vorheizen. Kartoffeln gründlich waschen, evtl. mit einer Bürste abbürsten und trocken tupfen. Jede Kartoffel in einen Bogen Alufolie wickeln und auf ein Backblech legen. Das Backblech in den vorgeheizten Backofen schieben.

Ober-/Unterhitze: etwa 200 °C
Heißluft: etwa 180 °C
Backzeit: etwa 60 Minuten.

2. Paprikaschoten halbieren, entstielen, entkernen und die weißen Scheidewände entfernen. Schoten waschen, abtropfen lassen und in kleine Würfel schneiden. 1–2 Esslöffel der Paprikawürfel zum Garnieren beiseite legen.

3. Quark in eine Rührschüssel geben und Paprikawürfel, Kräuter und Meerrettich unterrühren, mit Salz und Pfeffer würzen.

4. Petersilie abspülen und trocken tupfen. Die Blättchen von den Stängeln zupfen.

5. Gegarte Ofenkartoffeln aus der Alufolie nehmen. Ofenkartoffeln kreuzweise einschneiden, etwas aufdrücken und mit dem Gemüsequark füllen.

6. Ofenkartoffeln mit den beiseite gelegten Paprikawürfeln und Petersilienblättchen garniert servieren.

Tipp: Wenn Sie keine großen Ofenkartoffeln bekommen, können Sie pro Person auch 2 kleinere, festkochende Kartoffeln verwenden.

Vitalküche

Gemüse-Kartoffelwedges aus dem Ofen

Günstig – kann auch mit Fleisch serviert werden

4 Portionen – Zubereitungszeit: etwa 40 Min. – Garzeit: etwa 45 Min.

500 g	festkochende Kartoffeln
4	Möhren (etwa 350 g)
500 g	Staudensellerie
1 Bund	Frühlingszwiebeln
5 EL	Olivenöl
300 ml	Gemüsebrühe
1	Knoblauchzehe
1 Pck.	TK-Küchenkräuter
	Salz
	frisch gemahlener Pfeffer
2	frische rote milde Peperoni (etwa 60 g)

Pro Portion:
E: 5 g, F: 13 g, Kh: 29 g,
kJ: 1089, kcal: 261

1. Kartoffeln waschen, evtl. mit einer Bürste abbürsten, abtropfen lassen und in Viertel schneiden. Möhren putzen, schälen, waschen, längs vierteln.

2. Staudensellerie putzen und die harten Außenfäden abziehen. Sellerie waschen und abtropfen lassen. Je nach Dicke der Selleriestangen diese längs halbieren oder vierteln. Frühlingszwiebeln putzen, waschen und abtropfen lassen. Möhren, Selleriestangen und Frühlingszwiebeln in etwa 5 cm lange Stücke schneiden. Den Backofen vorheizen.

3. Olivenöl in einer großen Pfanne erhitzen. Kartoffel-, Möhren- und Selleriestücke darin andünsten und in eine Fettfangschale oder ein Backblech mit hohem Rand geben. Gemüsebrühe dazugießen. Die Fettfangschale in den Backofen schieben.

Ober-/Unterhitze: etwa 180 °C
Heißluft: etwa 160 °C
Garzeit: etwa 45 Minuten.

4. Knoblauch abziehen und durch eine Knoblauchpresse drücken. Nach 10–15 Minuten Garzeit Kräuter, Knoblauch und Frühlingszwiebelstücke unter die Kartoffel- und Gemüsestücke rühren, mit Salz und Pfeffer bestreuen. Während der Garzeit mehrmals die Kartoffel- und Gemüsestücke umrühren.

5. Peperoni entstielen, längs halbieren, entkernen und in feine Streifen schneiden. Gemüse-Kartoffelwedges auf 4 große Teller geben und die Peperonistreifen darauf verteilen.

Vitalküche

Kokospfannkuchen mit Hähnchenstreifen und Gemüse

pro Stück
1,50 EUR

Einfach und trotzdem raffiniert

6 Stück – Zubereitungszeit: etwa 70 Min.

Für den Pfannkuchenteig:

170 g	Weizenmehl
4	Eier (Größe M)
320 ml	Milch
100 g	Kokosraspel
1 TL	Salz
1 EL	brauner Zucker (Rohrzucker)

Für die Füllung:

400 g	Hähnchenbrustfilets
180 g	Champignons
1	rote Paprikaschote
1 Bund	Frühlingszwiebeln
2 EL	Speiseöl, z. B. Rapsöl
	Salz
	Currypulver

Außerdem:

6 EL	Speiseöl, z. B. Rapsöl

Pro Stück:

E: 28 g, F: 31 g, Kh: 31 g,
kJ: 2133, kcal: 510

1. Für den Teig alle Zutaten untereinander verrühren, darauf achten, dass keine Klümpchen entstehen. Den Teig etwa 30 Minuten ruhen lassen.

2. Für die Füllung Hähnchenbrustfilets unter fließendem kalten Wasser abspülen, trocken tupfen und in feine Streifen schneiden.

3. Champignons putzen, mit Küchenpapier abreiben und in Scheiben schneiden. Paprika halbieren. Schote waschen, abtropfen lassen und in kleine Würfel schneiden. Frühlingszwiebeln putzen, waschen und in etwa 1 cm lange Stücke schneiden.

4. Speiseöl in einer großen Pfanne erhitzen und die Hähnchenstreifen unter gelegentlichem Rühren darin anbraten. Champignonscheiben hinzufügen und mit anbraten, mit Salz und Currypulver würzen. Paprikawürfel und Frühlingszwiebelstücke ebenfalls in die Pfanne geben und etwa 5 Minuten mitbraten. Füllung warm stellen.

5. Etwa 1 Esslöffel Speiseöl in einer beschichteten Pfanne (Ø 28 cm) erhitzen. Teig gut durchrühren und eine dünne Teiglage mit einer drehenden Bewegung gleichmäßig auf dem Boden der Pfanne verteilen. Kokospfannkuchen von beiden Seiten goldbraun backen und warm stellen. Bevor der Pfannkuchen gewendet wird, etwas Öl in die Pfanne geben. Aus dem restlichen Teig weitere 5 Kokospfannkuchen backen. Pfannkuchen jeweils zur Hälfte mit der Füllung belegen und die unbelegte Hälfte darüber klappen, servieren.

Vitalküche

Farmergemüse
Darauf wartet man gerne

4 Portionen – Zubereitungszeit: 40 Min.

pro Portion
1,00 EUR

2	große Kartoffeln (etwa 300 g)
2–3 EL	Sonnenblumenöl
1 Bund	Möhren
2	mittelgroße rote Zwiebeln
1 Dose	Gemüsemais (Abtropfgewicht 285 g)
1 Bund	Schnittlauch
200 g	TK-Brechbohnen
	Salz
	frisch gemahlener Pfeffer
	Paprikapulver edelsüß
50 g	Kräuterbutter

Pro Portion:
E: 7 g, F: 15 g, Kh: 29 g,
kJ: 1193, kcal: 286

1. Kartoffeln waschen, schälen, abspülen und in 1 cm große Würfel schneiden. Öl in einem Wok erhitzen und die Würfel darin bei mittlerer Hitze 8–10 Minuten braten.

2. In der Zwischenzeit Möhren schälen, putzen, waschen und in Scheiben schneiden. Zwiebeln abziehen und in feine Spalten schneiden. Mais auf einem Sieb abtropfen lassen. Schnittlauch abspülen, trocken tupfen und in feine Röllchen schneiden.

3. Wenn die Kartoffeln gar sind, sie aus dem Wok nehmen und beiseite stellen. Möhrenscheiben und Zwiebelspalten bei großer Hitze im Wok anbraten und anschließend die gefrorenen Brechbohnen hinzufügen. Unter Rühren die Bohnen auftauen und nach Packungsanleitung garen lassen.

4. Dann Kartoffelwürfel und Mais hinzufügen und mitbraten. Das Gemüse mit Salz, Pfeffer und Paprikapulver abschmecken, die Schnittlauchröllchen dazugeben und Kräuterbutter unterrühren.

Tipp: Mit krossem Speck und Spiegelei wird aus dem Farmergemüse ein rustikales Hauptgericht.

Vitalküche

Frühlingsgratin
Schnell gemacht und vielseitig im Geschmack

4 Portionen – Zubereitungszeit: etwa 30 Min. – Garzeit: 20–30 Min.

pro Portion
1,40 EUR

1,5 kg	gemischtes Gemüse, z. B. Kohlrabi, Möhren, Brokkoli, Blumenkohl, grüner und weißer Spargel
1	Knoblauchzehe
200 g	Schlagsahne
2	Eier
	Salz
	frisch gemahlener Pfeffer
	geriebene Muskatnuss
100 g	geriebener Emmentaler
50 g	geriebener Parmesan
1 EL	gehackte Petersilie

Pro Portion:
E: 19 g, F: 32 g, Kh: 8 g,
kJ: 1676, kcal: 401

1. Den Backofen vorheizen. Kohlrabi und Möhren putzen, schälen und waschen. Kohlrabi in Scheiben und Möhren in Stücke schneiden. Brokkoli und Blumenkohl putzen und in kleine Röschen teilen. Spargel schälen und die unteren Enden abschneiden (grünen Spargel nur im unteren Drittel schälen). Spargel in Stücke schneiden.

2. Gemüse 2–3 Minuten in Salzwasser kochen, auf ein Sieb geben und abtropfen lassen. Das Gemüse in eine große, gefettete Auflaufform legen.

3. Knoblauch abziehen und durch eine Knoblauchpresse drücken oder fein hacken. Sahne und Eier verquirlen, Knoblauch unterrühren und mit Salz, Pfeffer und Muskat würzen. Eiersahne über das Gemüse gießen. Emmentaler und Parmesan darüber streuen.

4. Die Form auf dem Rost in den vorgeheizten Backofen schieben.

Ober-/Unterhitze: etwa 190 °C
Heißluft: etwa 170 °C
Garzeit: 20–30 Minuten.

5. Das Gratin vor dem Servieren mit Petersilie bestreuen.

Beilage: Kartoffelpüree oder Baguette.

Tipp: Je nach Jahreszeit kann man auch andere Gemüsesorten nehmen.

Vitalküche

Putenbrustpfanne mit Aprikosen und Rosmarin

pro Portion
2,50 EUR

Etwas Besonderes für Ihre Familie
4 Portionen – Zubereitungszeit: 30 Min.

2	kleine Putenbrustfilets (je 300 g)
200 g	Austernpilze
1 kleine Dose	Aprikosen (240 g Abtropfgewicht)
1 Stange	Porree (Lauch)
4 EL	Speiseöl
	Salz
	frisch gemahlener Pfeffer
einige	frische oder getrocknete Rosmarinnadeln
2 EL	Sojasauce
125 ml (⅛ l)	Aprikosensaft von den Dosenaprikosen
200 g	Schlagsahne

Pro Portion:
E: 40 g, F: 29 g, Kh: 19 g,
kJ: 2310, kcal: 552

1. Putenbrustfilet unter fließendem kalten Wasser abspülen, trocken tupfen und quer zur Faser in etwa 1 cm dicke Scheiben schneiden, evtl. nochmals halbieren.

2. Austernpilze putzen, evtl. abspülen und trocken tupfen, größere Austernpilze halbieren.

3. Aprikosen auf einem Sieb abtropfen lassen, Saft auffangen. Aprikosenhälften nochmals halbieren.

4. Porree putzen, halbieren und gründlich waschen. Porree abtropfen lassen und in 1 cm breite Streifen schneiden.

5. Speiseöl erhitzen und das Fleisch portionsweise von allen Seiten gut darin anbraten, mit Salz und Pfeffer würzen und zur Seite schieben. Die Austernpilze hinzufügen und mit anbraten. Aprikosen und Porree hinzugeben und kurz mit andünsten.

6. Mit Salz und Pfeffer kräftig würzen, Rosmarinnadeln und Sojasauce hinzufügen und mit dem Aprikosensaft ablöschen. Sahne hinzugeben, zum Kochen bringen und etwa 5 Minuten garen. Evtl. nochmals abschmecken.

Tipp: Baguette oder Bandnudeln dazu servieren.

Vitalküche

Kartoffel-Paprika-Curry
Curry macht dieses Gericht exotisch

4 Portionen – Zubereitungszeit: 60 Min., ohne Abkühlzeit

pro Portion
1,35 EUR

800 g	kleine Kartoffeln
	Salz
6 EL	Sonnenblumenöl
je 2	gelbe und grüne Paprikaschoten (etwa 800 g)
2	Zwiebeln
2 gestr. EL	Currypulver
2 EL	abgezogene, gehackte Mandeln
etwas	Wasser
250 g	Naturjoghurt
	frisch gemahlener Pfeffer
2 EL	gehackte Petersilie

Pro Portion:
E: 8 g, F: 19 g, Kh: 33 g,
kJ: 1442, kcal: 344

1. Kartoffeln gründlich waschen und in Salzwasser in 15–20 Minuten gar kochen lassen. Anschließend Kartoffeln abgießen, abdämpfen und pellen. Öl in einer großen Pfanne erhitzen und die Kartoffeln darin unter gelegentlichem Wenden goldbraun braten. Kartoffeln herausnehmen.

2. Paprikaschoten halbieren, entstielen, entkernen und die weißen Scheidewände entfernen, Schoten waschen und in Würfel schneiden. Zwiebeln abziehen, halbieren und in Streifen schneiden. Das Kartoffelbratfett in der Pfanne nochmals erhitzen und die Paprikastücke darin andünsten.

3. Zwiebelstreifen hinzufügen und mitdünsten. Curry und Mandeln unterrühren, etwas Wasser hinzufügen und alles zugedeckt bei schwacher Hitze 10–15 Minuten garen. Joghurt und Kartoffeln zu der Paprikamischung geben und alles unter vorsichtigem Rühren nochmals erwärmen.

4. Das Kartoffel-Paprika-Curry mit Salz und Pfeffer abschmecken und mit Petersilie bestreut servieren.

Tipp: Ganz schnell lässt sich dieses köstliche Gericht variieren. Verwenden Sie z. B. im Winter statt Paprika einfach einen kleinen frischen Blumenkohl (oder 800 g TK-Ware). Den Kohl dafür in Röschen teilen, in wenig Salzwasser bissfest dünsten, abgießen und zu den angebratenen Kartoffeln geben. Gewürze und Joghurt einrühren und abschmecken.

Vitalküche

Gefüllte Auberginen
Hier wird mit Kräutern aufgepeppt

4 Portionen – Zubereitungszeit: 50 Minuten – Garzeit: etwa 30 Minuten

pro Portion
1,75 EUR

4	Auberginen (je etwa 250 g)
1	kleine Gemüsezwiebel (etwa 250 g)
2	Knoblauchzehen
	Salz
4	Fleischtomaten (etwa 600 g)
½ Bund oder	
½ Topf	Basilikum
	Salzwasser
4 EL	Speiseöl
	frisch gemahlener Pfeffer
80 g	geriebener Parmesan

Für die Sauce:
1 EL	Speiseöl
1 Pck. (450 g)	stückige Tomaten
2–3 EL	gemischte, gehackte Kräuter, z. B. Thymian, Rosmarin, Basilikum, Oregano

Pro Portion:
E: 12 g, F: 20 g, Kh: 15 g,
kJ: 1236, kcal: 294

1. Auberginen waschen, abtrocknen und einen Deckel abschneiden. Fruchtfleisch herauslösen, dabei einen etwa ½ cm breiten Rand stehen lassen und in Würfel schneiden. Zwiebel abziehen und würfeln. Knoblauch abziehen und mit Salz zu einer Paste zerdrücken. Tomaten waschen, abtrocknen und putzen, Tomaten halbieren, entkernen und in kleine Stücke schneiden. Basilikum abspülen, trocken tupfen, die Blättchen fein hacken.

2. Auberginen in kochendem Salzwasser etwa 3 Minuten blanchieren, auf ein Sieb geben, kalt abschrecken, abtropfen lassen, in eine große Auflaufform setzen. Den Backofen vorheizen.

3. Öl erhitzen, etwa 200 g Zwiebelwürfel darin glasig dünsten. Auberginenwürfel und Tomatenstückchen hinzufügen und etwa 10 Minuten schmoren lassen. Knoblauchpaste und Basilikum unterrühren, mit Salz und Pfeffer würzen. Auberginen mit der Auberginen-Tomaten-Masse füllen, mit Käse bestreuen. Die Form auf dem Rost in den vorgeheizten Backofen schieben.

Ober-/Unterhitze: etwa 180 °C
Heißluft: etwa 160 °C
Garzeit: etwa 30 Minuten.

4. Für die Sauce Öl erhitzen, restliche Zwiebelwürfel glasig dünsten. Tomatenstückchen unterrühren, leicht kochen lassen. Mit Kräutern, Salz und Pfeffer würzen, zu den Auberginen servieren.

Vitalküche

Gefüllte Fencheltaschen

pro Portion
1,40 EUR

Prima Kombination: kalorienarm und vitaminreich

6 Portionen – Zubereitungszeit: 55 Min. – Garzeit: etwa 10 Min.

4	Fenchelknollen (je etwa 300 g)
	Salzwasser

Für die Füllung:

200 g	festkochende Kartoffeln
2	dicke Möhren (etwa 200 g)
½	Knollensellerie (etwa 200 g)
1 kleine Stange	Porree (Lauch, etwa 200 g)
3 EL	Speise- oder Olivenöl
200 ml	Gemüsebrühe (Fenchelbrühe)
	Salz
	frisch gemahlener Pfeffer
120 g	geriebener Parmesan

Zum Garnieren:

½ Bund	Kerbel

Pro Portion:
E: 16 g, F: 19 g, Kh: 18 g,
kJ: 1283, kcal: 306

1. Von den Fenchelknollen braune Stellen und Blätter entfernen und Wurzelenden gerade schneiden. Fenchelknollen aufblättern. Fencheltaschen mit Stiel beiseite legen und ausgehöhltes Fenchelfleisch in Streifen schneiden.

2. Salzwasser in einem großen Topf zum Kochen bringen. Fenchelschalen hinzufügen und 8–10 Minuten blanchieren, herausnehmen, mit kaltem Wasser übergießen, abtropfen lassen. Von der Fenchelbrühe 200 ml abmessen.

3. Für die Füllung Kartoffeln waschen, schälen und abspülen. Möhren und Sellerie putzen, schälen und waschen. Porree putzen, längs halbieren, waschen. Das Gemüse abtropfen lassen, in Streifen schneiden. Den Backofen vorheizen.

4. Öl in einer Pfanne erhitzen. Kartoffelstreifen, dann Möhren-, Sellerie-, Fenchel- und Porreestreifen darin andünsten. Fenchelbrühe hinzugießen und die Zutaten 6–8 Minuten dünsten lassen, würzen.

5. Die Fencheltaschen in eine große flache Auflaufform setzen und mit den Gemüsestreifen füllen. Mit Käse bestreuen. Die Form auf dem Rost in den vorgeheizten Backofen schieben.

Ober-/Unterhitze: etwa 220 °C
Heißluft: etwa 200 °C
Garzeit: etwa 10 Minuten.

6. Die Fencheltaschen mit Kerbel garniert servieren.

Geflügel

Gefüllte Hähnchenbrustfilets mit Zucchinigemüse

Genial, wenn Gäste kommen

4 Portionen – Zubereitungszeit: 30 Minuten – Garzeit: etwa 45 Minuten

pro Portion
2,25 EUR

4	kleine Zucchini
60 g	getrocknete Tomaten, in Öl eingelegt
50 g	Rucola (Rauke)
4	Hähnchenbrustfilets (je etwa 150 g)
	Salz
	frisch gemahlener Pfeffer
4 EL	Olivenöl
1	Zwiebel
1	Knoblauchzehe

Pro Portion:
E: 39 g, F: 13 g, Kh: 8 g,
kJ: 1275, kcal: 305

1. Den Backofen bei Ober-/Unterhitze auf 80 °C vorheizen. Einen feuerfesten Teller auf dem Rost (mittlere Schiene) miterwärmen.

2. Zucchini waschen, abtrocknen und die Enden abschneiden. Von einer Zucchini längs 8 dünne Scheiben abschneiden. Restliche Zucchini in Würfel schneiden. Tomaten abtropfen lassen. Rucola waschen, trocken tupfen und putzen.

3. Hähnchenbrustfilets abspülen, trocken tupfen und der Länge nach waagerecht bis etwa zur Mitte einschneiden. Filets aufklappen und zwischen Frischhaltefolie etwas flach klopfen.

4. Filets mit Salz und Pfeffer bestreuen und mit je 2 Zucchinischeiben, Tomaten und Rucola belegen. Filets wieder zusammenklappen und mit Holzstäbchen feststecken. Gefüllte Filets auch von außen mit Salz und Pfeffer bestreuen.

5. Olivenöl in einer Pfanne erhitzen, Hähnchenfilets darin in etwa 6 Minuten von allen Seiten anbraten. Filets auf dem vorgewärmten Teller in den Backofen schieben und etwa 45 Minuten garen.

6. Zwiebel und Knoblauch abziehen, in Würfel schneiden und in der Pfanne mit dem Bratensatz anbraten. Zucchiniwürfel hinzufügen und unter gelegentlichem Rühren etwa 5 Minuten braten. Zucchinigemüse mit Salz und Pfeffer abschmecken.

7. Holzstäbchen entfernen. Die Filets in Scheiben schneiden und auf dem Zucchinigemüse servieren.

Geflügel

pro Portion
2,15 EUR

Putenrollbraten
Darüber freuen sich auch Gäste

6 Portionen – Zubereitungszeit: 30 Min. – Garzeit: etwa 4 ½ Std.

1 EL	Kapern
80 g	eingelegte, geröstete rote Paprika
50 g	entsteinte schwarze Oliven
1	Putenbrust (etwa 1 kg)
	Salz
	frisch gemahlener Pfeffer
	Paprikapulver edelsüß
200 g	Doppelrahm-Frischkäse
4 EL	Olivenöl

Pro Portion:
E: 53 g, F: 21 g, Kh: 2 g,
kJ: 1720, kcal: 412

1. Den Backofen bei Ober-/Unterhitze auf 80 °C vorheizen. Einen feuerfesten Teller oder eine Auflaufform mit niedrigem Rand auf dem Rost (mittlere Schiene) miterwärmen.

2. Kapern, Paprika und Oliven auf einem Sieb abtropfen lassen. Paprika und Oliven in kleine Stücke schneiden oder hacken.

3. Putenbrust unter fließendem kalten Wasser abspülen und trocken tupfen. Putenbrust waagerecht einschneiden, dabei das Fleisch nicht durchschneiden. Putenbrust aufklappen, mit Salz, Pfeffer und Paprikapulver bestreuen und mit Frischkäse bestreichen.

4. Kapern, Paprika- und Olivenstücke darauf verteilen, das Fleisch von der längeren Seite her aufrollen und mit Küchengarn zusammenbinden.

5. Öl in einer Pfanne erhitzen. Die Putenbrustrolle darin in etwa 8 Minuten von jeder Seite gut anbraten. Dann die Rolle auf dem vorgewärmten Teller oder in der Auflaufform in den Backofen schieben und etwa 4 ½ Stunden garen.

6. Zum Servieren das Küchengarn entfernen und den Rollbraten in Scheiben schneiden.

Beilage: Rösti oder Kroketten und ein grüner Salat.

Tipp: Für eine Party den Putenrollbraten auf Salatblättern und mit Oliven anrichten.

Geflügel

Hähnchen-Geschnetzeltes

Leicht in der Zubereitung, mit wenig Kalorien

4 Portionen – Zubereitungszeit: 35 Min.

pro Portion 1,80 EUR

3	Hähnchenbrustfilets (etwa 400 g)
300 g	Champignons
400 g	Möhren
1 Stange	Porree (Lauch)
1 leicht geh. EL	Butterschmalz
	Salz
	frisch gemahlener Pfeffer
	Paprikapulver edelsüß
250 ml (¼ l)	Gemüsebrühe
1 EL	Zitronensaft
2 EL	heller Saucenbinder
150 g	saure Sahne (10 % Fett)
½ Bund	Kerbel

Pro Portion:
E: 30 g, F: 10 g, Kh: 12 g,
kJ: 1063, kcal: 254

Beilage: Bandnudeln, Reis oder Rösti und gemischter Salat.

1. Hähnchenbrustfilets unter fließendem kalten Wasser abspülen, trocken tupfen und in schmale Streifen oder kleine Würfel schneiden. Champignons putzen, mit einem feuchten Küchenpapier abreiben, evtl. abspülen, abtropfen lassen, trocken tupfen und vierteln.

2. Möhren schälen, putzen, waschen, abtropfen lassen und in kleine Würfel schneiden. Porree putzen, die Stange längs halbieren, gründlich waschen, abtropfen lassen und in Streifen schneiden.

3. Butterschmalz in einem Topf erhitzen. Fleischstücke unter Wenden darin anbraten und mit Salz, Pfeffer und Paprika bestreuen. Das Geschnetzelte herausnehmen und warm stellen.

4. Porree und Champignons in den Topf geben und unter Rühren andünsten. Möhrenwürfel hinzugeben und mit andünsten. Alles mit Salz, Pfeffer und Paprika würzen und Brühe und Zitronensaft hinzugießen. Das Gemüse zugedeckt bei schwacher Hitze etwa 8 Minuten garen.

5. Die Gemüsemischung mit Saucenbinder andicken. Das Geschnetzelte hinzugeben und nochmals bei schwacher Hitze erhitzen. Saure Sahne unterrühren und die Mischung nochmals mit Salz, Pfeffer und Paprika abschmecken.

6. Kerbel abspülen, trocken tupfen, die Blättchen von den Stängeln zupfen und fein hacken. Das Geschnetzelte mit Kerbel bestreut servieren.

Geflügel

Zitronenhuhn mit Knoblauch (Römertopf® 4-Liter-Inhalt)

Schonend gegart und einfach in der Zubereitung

4 Portionen – Zubereitungszeit: 25 Min. – Garzeit: etwa 80 Min.

1	Poularde (küchenfertig, mindestens 1,2 kg)
	Salz
	frisch gemahlener Pfeffer
4	rote Zwiebeln (etwa 200 g)
3	Bio-Zitronen (unbehandelt)
1	Knoblauchknolle
1 Bund	Zitronenthymian
100 ml	Olivenöl

Pro Portion:
E: 45 g, F: 47 g, Kh: 7 g,
kJ: 2665, kcal: 637

1. Poularde in acht Stücke teilen (Brust und Keulen jeweils halbieren). Die Poulardenstücke unter fließendem kalten Wasser abspülen und trocken tupfen. Mit Salz und Pfeffer einreiben.

2. Zwiebeln abziehen und in Spalten schneiden. Zitronen heiß abwaschen, abtrocknen und in Scheiben schneiden. Knoblauch in einzelne Zehen teilen (nicht abziehen). Thymian abspülen und trocken tupfen.

3. Poulardenstücke, Zwiebelspalten, Zitronenscheiben und Knoblauchzehen in einen gewässerten Römertopf® geben und gut vermengen. Olivenöl und die Hälfte des Thymians hinzufügen. Mit Salz und Pfeffer würzen.

4. Den Römertopf® mit dem Deckel verschließen und auf dem Rost in den kalten Backofen schieben.

Ober-/Unterhitze: etwa 200 °C
Heißluft: etwa 180 °C
Garzeit: etwa 80 Minuten.

5. Die Blättchen von den restlichen Thymianzweigen zupfen. Nach etwa 65 Minuten Garzeit Thymianblättchen zum Zitronenhuhn geben und weitere 15 Minuten ohne Deckel garen.

Beilage: Orangen-Fenchelsalat und Ciabatta.

Geflügel

Chicken Wings, mediterran

Das gewisse Etwas: Kräuter mit Zitrone kombiniert

4 Portionen – Zubereitungszeit: 25 Min. – Garzeit: etwa 45 Min.

pro Portion **1,85** EUR

Für die Marinade:

je 1 Stängel	Rosmarin und Thymian
3–4	Knoblauchzehen
	Salz
4–5 EL	Olivenöl
	Saft von
2	Zitronen
24	Chicken Wings (etwa 1,4 kg)
	frisch gemahlener Pfeffer
5–6	Cocktailtomaten

Pro Portion:

E: 29 g, F: 39 g, Kh: 2 g,
kJ: 2005, kcal: 478

1. Für die Marinade Rosmarin und Thymian abspülen, trocken tupfen und Nadeln und Blättchen abzupfen. Knoblauch abziehen, durch eine Knoblauchpresse drücken und mit Kräutern, etwas Salz und etwas von dem Olivenöl verrühren. Zitronensaft unterrühren.

2. Chicken Wings kalt abspülen und trocken tupfen, dann mit der Marinade in einer Schüssel vermengen. Das restliche Olivenöl dazugeben, mit Pfeffer würzen und zugedeckt 15–20 Minuten ziehen lassen. Den Backofen vorheizen.

3. Chicken Wings aus der Marinade nehmen und auf ein mit Backpapier belegtes Backblech legen. Chicken Wings nochmals mit Marinade bestreichen.

4. Das Backblech auf mittlerer Schiene in den vorgeheizten Backofen schieben.

Ober-/Unterhitze: 180–200 °C
Heißluft: 160–180 °C
Garzeit: etwa 45 Minuten.

5. Chicken Wings ab und zu wenden und mit der restlichen Marinade bestreichen. Nach 30 Minuten die gewaschen, halbierten Tomaten dazugeben. Heiß oder kalt servieren.

Beilage: Gemischter Salat und Baguette.

Geflügel

Hähnchenbrust mit Mozzarella

Genuss mit italienischer Note *(Titelrezept)*

4 Portionen – Zubereitungszeit: 30 Min.

pro Portion
1,90 EUR

4	Hähnchenbrustfilets ohne Haut (je etwa 150 g)
	Salz
	frisch gemahlener Pfeffer
2	große Tomaten
125 g	Mozzarella
3 EL	Speiseöl, z. B. Sonnenblumenöl
einige	Basilikumblättchen

Pro Portion:
E: 42 g, F: 9 g, Kh: 1 g,
kJ: 1047, kcal: 250

1. Den Backofengrill vorheizen. Hähnchenbrustfilets unter fließendem kalten Wasser abspülen, trocken tupfen, salzen und pfeffern.

2. Tomaten waschen, abtrocknen, die Stängelansätze herausschneiden und Tomaten jeweils in 4 Scheiben schneiden. Mozzarella abtropfen lassen und in 8 Scheiben schneiden.

3. Öl in einer hitzebeständigen Pfanne erhitzen. Die Hähnchenbrustfilets darin in etwa 10 Minuten von beiden Seiten braten.

4. Jedes Filet zuerst mit je 2 Tomatenscheiben belegen und mit Pfeffer bestreuen, dann mit je 2 Mozzarellascheiben belegen und ebenfalls mit Pfeffer bestreuen.

5. Die Pfanne auf dem Rost unter den vorgeheizten Grill in den Backofen schieben und die Filets 5–10 Minuten übergrillen, bis der Käse zerläuft (wer keine hitzebeständige Pfanne hat, kann die Filets auch nach dem Anbraten in eine Auflaufform umfüllen).

6. Die übergrillten Filets vor dem Servieren mit Basilikumblättchen garnieren.

Beilage: Butterreis oder Knoblauchtoast und Eisbergsalat.

Geflügel

Hähnchenbrust, süß-scharf
Einfach lecker

4 Portionen – Zubereitungszeit: 20 Min. – Garzeit: etwa 30 Min.

4	Hähnchenbrustfilets (je 150 g)
	Salz
	frisch gemahlener Pfeffer
etwas	Currypulver
1 EL	Weizenmehl
4 EL	Speiseöl
1 Dose	Ananasringe (Abtropfgewicht 250 g)
1 Flasche (250 ml)	Currysauce
1 Flasche (250 ml)	Chilisauce
200 g	Schlagsahne
80 g	geriebener Gouda

Pro Portion:
E: 45 g, F: 15 g, Kh: 26 g,
kJ: 1818, kcal: 435

1. Den Backofen vorheizen. Hähnchenbrustfilets unter fließendem kalten Wasser abspülen, trocken tupfen, mit Salz, Pfeffer und Currypulver bestreuen und mit Mehl bestäuben.

2. Öl in einer Pfanne erhitzen und die Hähnchenbrustfilets darin von beiden Seiten anbraten. Die Filets nebeneinander in eine gefettete, flache Auflaufform legen.

3. Ananasringe auf einem Sieb abtropfen lassen, dabei den Saft auffangen. Die Ananasringe in Stücke schneiden und in das Bratfett geben. Den aufgefangenen Ananassaft, Currysauce, Chilisauce und Sahne hinzufügen und unter Rühren zum Kochen bringen. Die Sauce evtl. mit den Gewürzen abschmecken.

4. Die Sauce über die Hähnchenbrustfilets geben und mit Käse bestreuen. Die Form auf dem Rost in den vorgeheizten Backofen schieben.

Ober-/Unterhitze: etwa 200 °C
Heißluft: etwa 180 °C
Garzeit: etwa 30 Minuten.

Beilage: Reis und Eisbergsalat mit Joghurt-Zitronensauce.

Tipp: Anstelle von Ananasringen können Sie auch in Spalten oder Würfel geschnittene Pfirsiche (aus der Dose) verwenden.

Geflügel

Schnitzel „Utrechter Art"
Kommt fix auf den Tisch

4 Portionen – Zubereitungszeit: 30 Min. – Backzeit: etwa 25 Min.

pro Portion
2,50 EUR

1	Zwiebel
500 g	Champignons
20 g	Butter
2 EL	Speiseöl
1 Becher (150 g)	Crème fraîche
75 ml	Weißwein
	Salz
	frisch gemahlener Pfeffer
4	dünne Putenschnitzel (je etwa 150 g)
25 g	Weizenmehl
20 g	Butter
2 EL	Speiseöl
125 g	geriebener Käse, z. B. mittelalter Gouda
2	Tomaten

Pro Portion:
E: 45 g, F: 31 g, Kh: 5 g,
kJ: 2024, kcal: 485

1. Zwiebel abziehen und in kleine Würfel schneiden. Champignons putzen, mit Küchenpapier abreiben, in Scheiben schneiden.

2. Butter und Speiseöl erhitzen. Zwiebelwürfel darin glasig dünsten. Champignonscheiben hinzugeben und so lange dünsten, bis die Flüssigkeit verdampft ist. Crème fraîche und Wein unterrühren und kurz aufkochen lassen. Mit Salz und Pfeffer würzen. Den Backofen vorheizen.

3. Putenschnitzel abspülen und trocken tupfen. Schnitzel evtl. flach klopfen, mit Salz und Pfeffer bestreuen und in Mehl wenden.

4. Butter mit dem Öl in einer großen Pfanne erhitzen. Die Schnitzel von jeder Seite etwa 2 Minuten darin braten und in eine flache Auflaufform legen. Die Champignonmasse darauf geben und den Käse darauf verteilen. Die Form auf dem Rost in den vorgeheizten Backofen schieben und die Schnitzel überbacken, bis der Käse zerlaufen ist.

Ober-/Unterhitze: etwa 180 °C
Heißluft: etwa 160 °C
Backzeit: etwa 25 Minuten.

5. Tomaten waschen, abtrocknen und die Stängelansätze herausschneiden. Tomaten in Scheiben schneiden. Die Tomatenscheiben nach etwa 15 Minuten Backzeit dachziegelartig auf die Schnitzel legen und die Schnitzel fertig backen. Mit Salz und Pfeffer bestreuen.

Geflügel

Aprikosen-Curry-Schnitzel

Eine fruchtig-pikante Kombination – für die ganze Familie

4 Portionen – Zubereitungszeit: 25 Minuten – Garzeit: etwa 40 Minuten

pro Portion
2,35 EUR

4	Hähnchenbrustfilets (je etwa 150 g)
	Salz
	frisch gemahlener Pfeffer
20 g	Weizenmehl
2 EL	Speiseöl
2 Stangen	Porree (Lauch)
	Salzwasser
1 Dose	Aprikosenhälften (Abtropfgewicht 480 g)
250 g	Schlagsahne
½ Becher (125 g)	Schmand
1 EL	Currypulver
20 g	Weizenmehl
100 ml	Aprikosensaft
125 ml (⅛ l)	Gemüsebrühe

Pro Portion:
E: 40 g, F: 27 g, Kh: 31 g,
kJ: 2231, kcal: 533

Beilage: Curryreis.

1. Hähnchenbrustfilets unter fließendem kalten Wasser abspülen und trocken tupfen. Mit Salz und Pfeffer bestreuen und in Mehl wenden.

2. Öl in einer großen Pfanne erhitzen, die Hähnchenbrustfilets von beiden Seiten darin anbraten und in einen flachen Bräter oder eine Auflaufform legen.

3. Porree putzen und die Stangen längs halbieren. Porree waschen, abtropfen lassen und in Streifen schneiden. Salzwasser in einem Topf zum Kochen bringen, Porreestreifen hinzugeben, einmal aufkochen lassen und auf einem Sieb abtropfen lassen. Den Backofen vorheizen.

4. Aprikosenhälften auf einem Sieb abtropfen lassen, den Saft dabei auffangen und 100 ml davon abmessen. Aprikosenhälften nochmals halbieren und mit den Porreestreifen auf den Hähnchenbrustfilets verteilen.

5. Sahne, Schmand, Curry, Salz und Pfeffer in einem Topf verrühren und aufkochen lassen. Mehl mit Aprikosensaft anrühren und unter Rühren hinzufügen. Brühe hinzugießen und unter Rühren nochmals zum Kochen bringen. Die Hähnchenbrustfilets mit der Sauce übergießen. Den Bräter ohne Deckel auf dem Rost in den vorgeheizten Backofen schieben.

Ober-/Unterhitze: etwa 200 °C
Heißluft: etwa 180 °C
Garzeit: etwa 40 Minuten.

Geflügel

pro Portion
2,50 EUR

Schnitzel mit Ratatouille

Geschmacksverführung aus Frankreich

4 Portionen – Zubereitungszeit: 35 Min. – Garzeit: etwa 35 Min.

Für das Ratatouille:

1	Gemüsezwiebel (etwa 200 g)
1	rote Paprikaschote (etwa 200 g)
1	gelbe Paprikaschote (etwa 200 g)
250 g	Zucchini
200 g	Auberginen
50 ml	Olivenöl
1–2	Knoblauchzehen
1 EL	Tomatenmark
	Salz
	frisch gemahlener Pfeffer
	getrockneter Rosmarin, Oregano, Thymian
125 ml (⅛ l)	Gemüsebrühe
100 g	Schafskäse
4	Hähnchenbrustfilets (je etwa 150 g)
20 g	Weizenmehl
2 EL	Olivenöl
	Majoranblättchen

Pro Portion:
E: 43 g, F: 19 g, Kh: 12 g,
kJ: 1656, kcal: 396

1. Für das Ratatouille Zwiebel abziehen, halbieren und in Streifen schneiden. Paprika halbieren, entstielen, entkernen und die weißen Scheidewände entfernen. Die Schoten waschen und in Streifen schneiden. Zucchini und Auberginen waschen, abtrocknen und die Enden abschneiden. Zucchini und Auberginen in mundgerechte Stücke schneiden.

2. Den Backofen vorheizen. Öl in einer großen Pfanne erhitzen und die Gemüsezutaten darin andünsten. Knoblauch abziehen und durch eine Knoblauchpresse drücken. Knoblauch und Tomatenmark unter das Gemüse rühren und mit Salz, Pfeffer, Rosmarin, Oregano und Thymian würzen. Gemüsebrühe unterrühren. Schafskäse in Würfel schneiden und unterheben.

3. Hähnchenbrustfilets evtl. halbieren, abspülen und trocken tupfen. Mit Salz und Pfeffer bestreuen und mit Mehl bestäuben.

4. Öl in einer großen Pfanne erhitzen. Hähnchenbrustfilets von beiden Seiten gut darin anbraten, herausnehmen und in eine große flache Auflaufform legen. Ratatouille darauf verteilen. Die Form auf dem Rost in den vorgeheizten Backofen schieben.

Ober-/Unterhitze: etwa 200 °C
Heißluft: etwa 180 °C
Garzeit: etwa 35 Minuten.

5. Das Gericht mit Majoranblättchen servieren.

Fleisch

Hackfleisch-Pizza
Das Besondere: Pizza ohne Teig

4 Portionen – Zubereitungszeit: 30 Min. – Garzeit: etwa 30 Min.

Für den „Fleischteig":

1	Brötchen (Semmel)
1 Dose	Gemüsemais (Abtropfgewicht 140 g)
1 Glas	ganze Champignons (Abtropfgewicht 115 g)
1	Zwiebel
500 g	Gehacktes (halb Rind-, halb Schweinefleisch)
1	Ei
	Salz
	frisch gemahlener Pfeffer
	Paprikapulver edelsüß
1 Msp.	Cayennepfeffer

Für den Belag:

2 EL	Zigeunersauce (aus der Flasche)
4	mittelgroße Tomaten
	gerebelter Oregano
125 g	Mozzarella
50 g	geraspelter Gratinkäse
	frisches Basilikum

Pro Portion:
E: 39 g, F: 43 g, Kh: 17 g,
kJ: 2711, kcal: 648

1. Für den „Fleischteig" Brötchen in Wasser einweichen und gut ausdrücken. Mais auf einem Sieb abtropfen lassen. Champignons abtropfen lassen und die Hälfte davon klein schneiden, die restlichen Champignons in Scheiben schneiden und beiseite stellen. Zwiebel abziehen und in Würfel schneiden.

2. Gehacktes, Ei, Brötchen, Champignonstücke, Mais, Zwiebelwürfel, Salz, Pfeffer, Paprika und Cayennepfeffer gut vermischen. Die Masse in ein gefettetes, rundes Pizzablech oder eine Pieform (Ø 30 cm) geben und verteilen. Den Backofen vorheizen.

3. Für den Belag Zigeunersauce auf die Gehacktesmasse streichen. Tomaten waschen, die Stängelansätze entfernen, Tomaten in Scheiben schneiden, darauf verteilen und mit Salz, Pfeffer und Oregano bestreuen. Die zurückgelassenen Champignonscheiben darauf legen.

4. Mozzarella abtropfen lassen, in Scheiben schneiden und ebenfalls darauf verteilen. Gratinkäse in die Zwischenräume streuen. Die Form auf dem Rost in den vorgeheizten Backofen schieben.

Ober-/Unterhitze: etwa 180 °C
Heißluft: etwa 160 °C
Garzeit: etwa 30 Minuten.

5. Basilikum abspülen, trocken tupfen, die Blättchen von den Stängeln zupfen und auf der fertig gebackenen Hackfleisch-Pizza verteilen.

Ratsherren-Schnitzel

Darauf freuen sich Gäste

4 Portionen – Zubereitungszeit: 30 Min. – Garzeit: etwa 30 Min.

pro Portion 2,05 EUR

½ Kopf	Wirsing (etwa 400 g)
4	mittelgroße Möhren
	Salzwasser
2	mittelgroße Zwiebeln
1 Glas	Champignonscheiben (Abtropfgewicht 235 g)
100 g	durchwachsener Speck
4 EL	Speiseöl
	Salz
	frisch gemahlener Pfeffer
4	Schweineschnitzel (je 140 g)
	Paprikapulver edelsüß
200 g	Schlagsahne
100 g	geraspelter Gratinkäse

Pro Portion:
E: 39 g, F: 64 g, Kh: 10 g,
kJ: 3419, kcal: 816

Beilage: Pell- oder Salzkartoffeln.

1. Wirsing putzen, den Strunk herausschneiden, Wirsing abspülen, abtropfen lassen und in Streifen schneiden. Möhren putzen, schälen, waschen und in Scheiben schneiden. Die Möhrenscheiben in Salzwasser etwa 5 Minuten kochen, auf ein Sieb geben und abtropfen lassen.

2. Zwiebeln abziehen und würfeln. Champignons auf einem Sieb abtropfen lassen. Speck würfeln.

3. Die Hälfte des Öls in einer Pfanne erhitzen und die Speckwürfel darin auslassen. Zwiebeln und Champignons darin andünsten und mit Salz und Pfeffer würzen. Die Zutaten aus der Pfanne nehmen und beiseite stellen. Den Backofen vorheizen.

4. Schnitzel unter fließendem kalten Wasser abspülen und trocken tupfen. Das restliche Öl in der Pfanne erhitzen, die Schnitzel darin von beiden Seiten anbraten und mit Salz, Pfeffer und Paprika bestreuen.

5. Wirsing und Möhren in eine gefettete, flache Auflaufform geben, die Schnitzel darauf legen und mit der Champignon-Speck-Masse bedecken. Sahne darüber verteilen und alles mit Gratinkäse bestreuen. Die Form auf dem Rost in den vorgeheizten Backofen schieben.

Ober-/Unterhitze: etwa 180 °C
Heißluft: etwa 160 °C
Garzeit: etwa 30 Minuten.

Fleisch

Italienische Schnitzel
Schnell gemacht, mit dem gewissen Etwas

4 Portionen – Zubereitungszeit: 35 Min. – Garzeit: etwa 20 Min.

pro Portion 2,50 EUR

4	Schweineschnitzel (je 140 g)
	Salz
	frisch gemahlener Pfeffer
3 EL	Olivenöl
1	große Zucchini
2	mittelgroße Zwiebeln
2	Knoblauchzehen
etwa 10	große Oliven ohne Stein
1 Dose	geschälte Tomaten (800 g)
2 EL	Tomatenmark
1 geh. TL	getrockneter Oregano
1 TL	getrocknete Rosmarinnadeln
100 g	Parmesan-Käse
1 Topf	Basilikum

Pro Portion:
E: 39 g, F: 30 g, Kh: 8 g,
kJ: 2074, kcal: 494

Beilage: Grüne und weiße Bandnudeln.

1. Schnitzel unter fließendem kalten Wasser abspülen, trocken tupfen und salzen und pfeffern. Öl in einer Pfanne erhitzen und die Schnitzel von beiden Seiten darin anbraten (nicht durchgaren). Die Schnitzel dann nebeneinander in eine gefettete Auflaufform legen. Den Backofen vorheizen.

2. Zucchini waschen, abtrocknen und die Enden abschneiden, Zucchini längs halbieren und in Scheiben schneiden. Zwiebeln und Knoblauch abziehen und würfeln. Oliven grob zerkleinern.

3. Die Zucchinischeiben in dem verbliebenen Bratfett andünsten (evtl. noch etwas Öl zugeben). Zwiebeln und Knoblauch hinzugeben und mitdünsten. Tomaten mit der Flüssigkeit, Tomatenmark und Olivenstücke hinzufügen, erhitzen und alles mit Salz, Pfeffer, Oregano und Rosmarin würzen. Die Mischung über die Schnitzel geben.

4. Parmesan grob raspeln und darüber streuen. Die Form auf dem Rost in den vorgeheizten Backofen schieben.

Ober-/Unterhitze: etwa 200 °C
Heißluft: etwa 180 °C
Garzeit: etwa 20 Minuten.

5. Basilikum kalt abspülen, trocken tupfen und die Blättchen von den Stängeln zupfen, in Streifen schneiden und vor dem Servieren über die Schnitzel streuen.

Fleisch

Cordon bleu

Noch ein tolles Rezept aus Frankreich – schnell gemacht

4 Portionen – Zubereitungszeit: etwa 25 Min.

pro Portion 2,50 EUR

8	Schweineschnitzel (je etwa 75 g)
	Salz
	frisch gemahlener Pfeffer
4 Scheiben	Käse (je etwa 40 g), z. B. Emmentaler
4 Scheiben	gekochter Schinken (je etwa 50 g)
2	Eier
etwa 60 g	Semmelbrösel
etwa 40 g	Butterschmalz oder Margarine

Pro Portion:
E: 57 g, F: 28 g, Kh: 6 g,
kJ: 2117, kcal: 505

1. Schweineschnitzel unter fließendem kalten Wasser abspülen, trocken tupfen, leicht klopfen und mit Salz und Pfeffer bestreuen. 4 Schnitzel mit je 1 Käse- und Schinkenscheibe belegen, mit je 1 weiteren Schnitzel bedecken und gut zusammendrücken.

2. Eier mit einer Gabel in einem tiefen Teller verschlagen. Die Fleischportionen zunächst in der Eiermasse, dann in den Semmelbröseln wenden.

3. Butterschmalz oder Margarine in einer beschichteten Pfanne erhitzen. Das Fleisch von beiden Seiten darin bei mittlerer Hitze in etwa 10 Minuten hellbraun braten, dabei gelegentlich vorsichtig wenden.

Beilage: Pommes frites oder Kroketten, Erbsen und Möhren, Blumenkohl oder Spargel.

Tipp: Die Käse- und Schinkenscheiben sollten knapp so groß sein wie die Fleischscheiben. Schütteln Sie die nicht fest haftenden Semmelbrösel vor dem Braten leicht von den Fleischstücken ab, da die Semmelbrösel sonst zu schnell bräunen und dadurch leicht bitter schmecken. Sie können das Fleisch mit einem Fleischklopfer oder Fleischbeil klopfen oder das Fleisch vom Metzger klopfen lassen.

Abwandlung: Anstelle von Schweineschnitzel können Sie auch Putenschnitzel verwenden.

Fleisch

Lammpilaw
Schmeckt lecker würzig

4 Portionen – Zubereitungszeit: 90 Min.

pro Portion
1,70 EUR

500 g	Lammfleisch (aus der Schulter, ohne Knochen)
2	Zwiebeln
1	Knoblauchzehe
200 g	Knollensellerie
je 1	rote und grüne Paprikaschote (je 150 g)
3 EL	Olivenöl
3 EL	Tomatenmark
	Salz, Pfeffer
	getrockneter, geschnittener Rosmarin
	gerebelter Thymian
	Paprikapulver edelsüß
800 ml	heiße Gemüsebrühe
250 g	Tomaten
250 g	Langkornreis
1 EL	gehackte, glatte Petersilie

Pro Portion:
E: 32 g, F: 16 g, Kh: 56 g,
kJ: 2093, kcal: 500

1. Lammfleisch abspülen, trocken tupfen und in 2 cm große Würfel schneiden.

2. Zwiebeln abziehen, halbieren und in Scheiben schneiden. Knoblauch abziehen. Knollensellerie schälen, putzen, waschen und in Würfel schneiden. Paprikaschoten putzen, Schoten waschen und in Streifen schneiden.

3. Öl in einem Topf erhitzen und die Fleischwürfel darin unter Wenden bräunen. Kurz bevor das Fleisch genügend gebräunt ist, Zwiebelscheiben, Selleriewürfel und Tomatenmark hinzufügen und kurz miterhitzen.

4. Knoblauch durch die Knoblauchpresse drücken und hinzufügen. Alles mit Salz, Pfeffer, Rosmarin, Thymian und Paprikapulver würzen. Gemüsebrühe hinzufügen, alles zum Kochen bringen und bei mittlerer Hitze etwa 30 Minuten mit Deckel garen.

5. Tomaten kreuzweise einschneiden, kurz in kochendes Wasser legen und in kaltem Wasser abschrecken. Tomaten enthäuten, die Stängelansätze herausschneiden und Tomaten in Stücke schneiden.

6. Paprikastreifen und Reis zu dem Fleisch geben und alles noch 15–20 Minuten mit Deckel garen.

7. Tomatenwürfel unterrühren und kurz miterhitzen. Das Gericht nochmals mit Salz und Pfeffer abschmecken und mit Petersilie bestreut servieren.

Fleisch

Gegrillte Hamburger
Hier wird mit den Händen gegessen

4 Portionen – Zubereitungszeit: 35 Min. – Grillzeit: 12–15 Min.

pro Portion
1,35 EUR

½	altbackenes Brötchen (Semmel)
1	kleine Zwiebel
400 g	Gehacktes (halb Rind-, halb Schweinefleisch)
1	Ei
	Salz
	frisch gemahlener Pfeffer
2 EL	Speiseöl
einige	Salatblätter
2	Tomaten
4	Hamburger Brötchen
	Mayonnaise

Pro Portion:
E: 20 g, F: 28 g, Kh: 17 g,
kJ: 1762, kcal: 421

1. Das Brötchen in kaltem Wasser einweichen. Zwiebel abziehen und fein würfeln.

2. Gehacktes mit dem gut ausgedrückten Brötchen, Zwiebelwürfeln und Ei gut vermengen und mit Salz und Pfeffer würzen.

3. Aus dem Fleischteig mit nassen Händen 4 Hamburger formen, flach drücken und mit Speiseöl bestreichen.

4. Die Hamburger auf den heißen Grill legen (evtl. auf Alufolie legen) und unter gelegentlichem Wenden 12–15 Minuten grillen.

5. Inzwischen Salatblätter waschen und gut trocken tupfen. Tomaten waschen, abtrocknen, die Stängelansätze herausschneiden und Tomaten in Scheiben schneiden.

6. Brötchen halbieren. Brötchenhälften mit den Schnittseiten kurz auf den heißen Grill legen. Die unteren Brötchenhälften mit Mayonnaise bestreichen und mit je einem Salatblatt und zwei Tomatenscheiben belegen. Dann je einen Hamburger darauf legen. Mit den oberen Brötchenhälften bedecken und etwas andrücken.

Tipp: Unter dem Backofengrill grillen oder in der Pfanne braten.

Fleisch

Feuertopf, scharf-süß

Alles aus einem Topf – schmeckt auch aufgewärmt

4 Portionen – Zubereitungszeit: 35 Min.

500 g	Schnitzelfleisch
2–3 EL	Speiseöl
1	rote Paprikaschote
1	kleine grüne Paprikaschote
etwa 80 g	Silberzwiebeln (aus dem Glas)
1 Glas (170 g)	Champignons
1 Dose	Ananasstücke, mit Saft (Abtropfgewicht 265 g)
75 ml	Chilisauce
½–1 TL	Paprikapulver edelsüß
1 ½ EL	Tomatenmark
100 ml	Wasser oder Gemüsebrühe
	Salz
	frisch gemahlener Pfeffer
100 g	saure Sahne
1–2 Spritzer	Tabasco
etwas	Cayennepfeffer
1 Prise	Zucker

Pro Portion:
E: 28 g, F: 24 g, Kh: 13 g,
kJ: 1710, kcal: 408

1. Fleisch unter fließendem kalten Wasser abspülen, trocken tupfen und in Streifen schneiden.

2. Öl in einem großen Topf erhitzen und das Fleisch darin in 2 Portionen anbraten.

3. Paprikaschoten halbieren, entstielen, entkernen und die weißen Scheidewände entfernen, die Schoten waschen und in Streifen schneiden. Paprikastreifen hinzugeben und etwa 5 Minuten mitschmoren.

4. Silberzwiebeln und Champignons abtropfen lassen und zu dem Fleisch geben.

5. Ananasstücke mit Saft, Chilisauce, Paprika, Tomatenmark und Wasser oder Gemüsebrühe hinzugeben, zum Kochen bringen, mit Salz und Pfeffer würzen und alles etwa 15 Minuten schmoren.

6. Saure Sahne unterrühren. Mit Tabasco und Cayennepfeffer würzen und mit Salz, Pfeffer und etwas Zucker abschmecken.

Beilage: Reis oder frisches Stangenweißbrot.

Tipp: Einige grüne Paprikastreifen zurücklegen und den Feuertopf damit garnieren.

Fleisch

Schweinefilet in Kräuter-Käse-Sauce
Ruck, zuck vorbereitet

4 Portionen – Zubereitungszeit: 25 Min., ohne Marinierzeit – Garzeit: etwa 45 Min.

pro Portion
2,50 EUR

2	Schweinefilets (Schweinelendchen, je 300 g)
2 EL	Grillgewürz
2–3 EL	Speiseöl
2 Gläser	Champignonscheiben (Abtropfgewicht je 200 g)

Für die Kräuter-Käse-Sauce:

200 g	Schlagsahne
100 ml	Milch
½ Pck. (100 g)	Kräuter-Schmelzkäse
etwas	Worcestersauce
1 TL	Dijon-Senf
	frisch gemahlener Pfeffer
1 Msp.	Currypulver
1 EL	Weizenmehl
1 EL	gemischte Kräuter, z. B. Schnittlauch, Petersilie

Pro Portion:
E: 46 g, F: 29 g, Kh: 5 g,
kJ: 1988, kcal: 474

Beilage: Spätzle, grüne Bandnudeln und ein gemischter Salat.

1. Schweinefilets unter fließendem kalten Wasser abspülen und trocken tupfen, evtl. Fett und Sehnen entfernen. Filets dick mit Grillgewürz einreiben, in eine flache Schale legen und zugedeckt über Nacht durchziehen lassen.

2. Speiseöl in einer großen Pfanne erhitzen und die Filets von allen Seiten darin anbraten, herausnehmen und 10 Minuten zugedeckt ruhen lassen. Den Backofen vorheizen.

3. Filets in etwa 3 cm dicke Scheiben schneiden und in eine große Auflaufform legen.

4. Champignonscheiben auf einem Sieb abtropfen lassen und Champignons auf den Filets verteilen.

5. Für die Sauce den Bratensaft mit Sahne und Milch verrühren. Schmelzkäse unterrühren und mit Worcestersauce, Senf, Pfeffer und Curry würzen. Die Sauce unter Rühren zum Kochen bringen.

6. Mehl mit etwas Wasser anrühren, in die Sauce geben und unter Rühren nochmals aufkochen lassen. Kräuter unterrühren.

7. Die Sauce über die Filets gießen. Die Form auf dem Rost in den vorgeheizten Backofen schieben.

Ober-/Unterhitze: etwa 160 °C
Heißluft: etwa 140 °C
Garzeit: etwa 45 Minuten.

Fleisch

pro Portion
2,20 EUR

Frikadellen mit Paprika-Mais-Gemüse

Der Rest schmeckt abends auch kalt

4 Portionen – Zubereitungszeit: 35 Min.

Für die Frikadellen:

1	altbackenes Brötchen (Semmel)
2	mittelgroße Zwiebeln
600 g	Gehacktes (halb Rind-, halb Schweinefleisch)
1	Ei (Größe M)
1 EL	Kapern
	Salz
	frisch gemahlener Pfeffer
	Paprikapulver edelsüß
50 g	Pflanzenfett

Für das Paprika-Mais-Gemüse:

je 1	rote, gelbe und grüne Paprikaschote
1	kleine Gemüsezwiebel
3 EL	Speiseöl
1 Dose	Gemüsemais (Abtropfgewicht 265 g)
1 Becher (150 g)	Crème fraîche
1 EL	gehackte, gemischte Kräuter, z. B. Estragon, Petersilie, Schnittlauch

Pro Portion:
E: 37 g, F: 70 g, Kh: 28 g,
kJ: 3911, kcal: 934

1. Für die Frikadellen Brötchen in kaltem Wasser einweichen. Zwiebeln abziehen und fein würfeln.

2. Das Gehackte mit dem gut ausgedrückten Brötchen, Zwiebelwürfeln, Ei und abgetropften Kapern gut vermischen und mit Salz, Pfeffer und Paprikapulver abschmecken. Aus der Masse mit nassen Händen 8 Frikadellen formen und etwas flach drücken.

3. Das Fett in einer Pfanne erhitzen, die Frikadellen darin etwa 10 Minuten von beiden Seiten braten und warm stellen.

4. Für das Paprika-Mais-Gemüse Paprikaschoten halbieren, entstielen, entkernen und die weißen Scheidewände entfernen, die Schoten waschen und in kleine Würfel schneiden. Gemüsezwiebel abziehen und würfeln.

5. Öl erhitzen. Paprika- und Zwiebelwürfel darin andünsten und mit Salz und Pfeffer würzen, evtl. etwas Wasser hinzufügen und das Gemüse 6–10 Minuten garen.

6. Mais auf einem Sieb abtropfen lassen und unter das Gemüse rühren. Crème fraîche und Kräuter unterheben und mit den Gewürzen abschmecken. Das Mais-Paprika-Gemüse zu den Frikadellen servieren.

Beilage: Reis oder Fladenbrot.

Fleisch

Nackensteaks mit Kartoffelkruste

Wenn es mal schnell gehen soll

4 Portionen – Zubereitungszeit: 35 Min. – Garzeit: etwa 20 Min.

pro Portion
2,00 EUR

4	Schweinenackensteaks (je 150 g, ohne Knochen)
	Salz
	frisch gemahlener Pfeffer
2 EL	Speiseöl
1 Pck. (400 g)	Rösti nach Schweizer Art (pfannenfertige Kartoffelzubereitung)
200 g	Schmand (Sauerrahm)
100 g	grob geriebener Gratin-Käse

Pro Portion:
E: 41 g, F: 36 g, Kh: 14 g,
kJ: 2290, kcal: 546

1. Steaks unter fließendem kalten Wasser abspülen und trocken tupfen. Mit Salz und Pfeffer bestreuen.

2. Speiseöl in einer Pfanne erhitzen und die Steaks darin von beiden Seiten etwa 10 Minuten braten. Steaks herausnehmen und nebeneinander in eine flache Auflaufform (gefettet) legen. Den Backofen vorheizen.

3. Die Rösti-Masse in eine Schüssel geben, mit Schmand und Käse vermengen und evtl. mit Salz und Pfeffer würzen. Die Kartoffelmasse auf den Steaks verteilen. Die Form auf dem Rost in den vorgeheizten Backofen schieben.

Ober-/Unterhitze: etwa 200 °C
Heißluft: etwa 180 °C
Garzeit: etwa 20 Minuten.

Beilage: Gemischter Salat.

Tipp: Rösti können auch in der Pfanne nach Packungsanleitung zubereitet werden. Rösti dann mit Käse bestreuen und unter dem vorgeheizten Grill überbacken, bis der Käse etwas zerläuft. Jeweils einen Klecks Schmand auf die Rösti geben und zu den Nackensteaks servieren.

Fleisch

Frikadellen mit Möhrengemüse

Für die ganze Familie – schnell und lecker

4 Portionen – Zubereitungszeit: 35 Min.

Für die Frikadellen:

1	Brötchen (Semmel) vom Vortag
2	Zwiebeln
2 EL	Speiseöl, z. B. Sonnenblumenöl
600 g	Gehacktes (halb Rind-, halb Schweinefleisch)
1	Ei (Größe M)
	Salz
	frisch gemahlener Pfeffer
	Paprikapulver edelsüß

Für das Möhrengemüse:

750 g	junge Möhren
50 g	Butter
100 ml	Wasser
1–2 EL	gehackte Petersilienblätter
40 g	Butterschmalz, Margarine oder 5 EL Speiseöl, z. B. Sonnenblumenöl

Pro Portion:
E: 33 g, F: 44 g, Kh: 15 g,
kJ: 2458, kcal: 587

1. Für die Frikadellen Brötchen in kaltem Wasser einweichen. Zwiebeln abziehen und fein würfeln. Öl in einer Pfanne erhitzen und die Zwiebelwürfel darin unter Rühren in 2–3 Minuten glasig dünsten. Die Zwiebelwürfel aus der Pfanne nehmen und auf Küchenpapier abtropfen lassen.

2. Das Brötchen gut ausdrücken, mit dem Gehackten, Zwiebelwürfeln und Ei vermengen und mit Salz, Pfeffer und Paprikapulver würzen. Aus der Masse mit nassen Händen 8 Frikadellen formen.

3. Für das Möhrengemüse Möhren putzen, schälen, abspülen und abtropfen lassen, je nach Größe evtl. halbieren oder vierteln. Butter in einem Topf zerlassen und die Möhren darin 2–3 Minuten andünsten. Wasser hinzugießen, mit wenig Salz würzen und die Möhren etwa 10 Minuten zugedeckt garen, dabei gelegentlich umrühren. Möhren mit Salz und Pfeffer abschmecken und die Petersilie unterrühren.

4. Butterschmalz, Margarine oder Öl in der Pfanne erhitzen und die Frikadellen von beiden Seiten darin unter gelegentlichem Wenden bei mittlerer Hitze in etwa 10–15 Minuten braun und gar braten.

Beilage: Kartoffelpüree.

Tipp: Sie können zusätzlich 1–2 Esslöffel gehackte Petersilie mit den Zwiebelwürfeln andünsten oder 1–2 Teelöffel Senf unter die Fleischmasse kneten.

Fleisch

Wirsingrouladen

Die Rouladen können schon am Abend zuvor vorbereitet werden

4 Portionen – Zubereitungszeit: 40 Min. – Garzeit: etwa 50 Min.

pro Portion
1,30 EUR

	Wasser
	Salz (auf 1 l Wasser
	1 TL Salz)
1 Kopf	Wirsing (etwa 1 ½ kg)

Für die Füllung:

1	Brötchen (Semmel) vom Vortag
1	Zwiebel
1	Ei (Größe M)
etwa 1 TL	mittelscharfer Senf
375 g	Rindergehacktes
	frisch gemahlener Pfeffer
4 EL	Speiseöl, z. B. Sonnenblumenöl
etwa 375 ml (3/8 l)	Gemüsebrühe
20 g	Weizenmehl
2 EL	kaltes Wasser

Außerdem:

	Küchengarn oder Rouladennadeln

Pro Portion:
E: 25 g, F: 25 g, Kh: 13 g,
kJ: 1570, kcal: 375

1. In einem großen Topf reichlich Wasser zum Kochen bringen. Salz hinzufügen. Von dem Wirsing die äußeren welken Blätter entfernen, den Kohl abspülen und den Strunk unten keilförmig herausschneiden. Kohl so lange in das kochende Salzwasser legen, bis sich die äußeren Blätter lösen. Diesen Vorgang wiederholen, bis etwa 12 große Blätter sich lösen lassen und etwas weich sind. Die Blätter abtropfen lassen, trocken tupfen und die dicken Blattrippen flach schneiden.

2. Brötchen in kaltem Wasser einweichen. Zwiebel abziehen und würfeln. Brötchen gut ausdrücken und mit Zwiebelwürfeln, Ei, Senf und Gehacktem vermengen, mit Salz und Pfeffer würzen.

3. Jeweils 2–3 Kohlblätter übereinander legen, einen Teil der Füllung darauf geben, die Blätter seitlich einschlagen und aufrollen. Mit Küchengarn umwickeln oder mit Rouladennadeln fest stecken.

4. Öl in einem Topf erhitzen und die Rouladen braun anbraten. Die Hälfte der Gemüsebrühe hinzugießen und die Rouladen bei schwacher Hitze etwa 45 Minuten mit Deckel schmoren, dabei gelegentlich wenden und evtl. Brühe zugeben.

5. Küchengarn oder Rouladennadeln entfernen und die Rouladen auf einer Platte anrichten.

6. Mehl mit Wasser anrühren. Die Garflüssigkeit aufkochen lassen, Mehl unterrühren und etwa 5 Minuten schwach kochen lassen, abschmecken und zu den Rouladen servieren.

Fleisch

Gulasch

Lässt sich gut vorbereiten – schmeckt auch am nächsten Tag

4 Portionen – Zubereitungszeit: 90 Min.

pro Portion **2,50** EUR

500 g	Zwiebeln
500 g	schieres (mageres) Rindfleisch (ohne Knochen, z. B. aus der Unterschale)
30 g	Margarine
	Salz
	frisch gemahlener Pfeffer
	Paprikapulver edelsüß
2 schwach geh. EL	Tomatenmark
etwa 250 ml (¼ l)	heißes Wasser
1 Glas	Champignons (Abtropfgewicht 210 g)
1–2 Spritzer	Tabasco

Pro Portion:
E: 29 g, F: 21 g, Kh: 8 g,
kJ: 1504, kcal: 359

1. Zwiebeln abziehen, halbieren und in Scheiben schneiden. Fleisch unter fließendem kalten Wasser abspülen, trocken tupfen und in Würfel schneiden.

2. Die Hälfte der Margarine in einem Bratentopf erhitzen und das Fleisch in zwei Portionen von allen Seiten gut darin anbraten. Den Rest der Margarine und die Zwiebelscheiben hinzufügen und mitbräunen lassen.

3. Das Ganze mit Salz, Pfeffer und Paprika würzen und Tomatenmark unterrühren.

4. Das heiße Wasser hinzugießen und das Fleisch in 1–1 ½ Stunden zugedeckt gar schmoren lassen, evtl. noch heißes Wasser hinzufügen.

5. Champignons auf einem Sieb abtropfen lassen, hinzufügen und kurz miterhitzen. Gulasch mit Salz, Pfeffer, Paprika und Tabasco abschmecken.

Beilage: Nudeln und Salat.

Tipp: Anstelle von Salz, Pfeffer und Paprika kann auch fertiges Gulaschgewürz verwendet werden. Raffinierter wird das Gulasch, wenn die Hälfte des Wassers durch Rotwein ersetzt wird. Anstelle von Rindfleisch kann auch mageres Schweinefleisch verwendet werden. Dann verkürzt sich die Schmorzeit auf 45 Minuten. Gulasch kann gut vorbereitet und portionsweise eingefroren werden.

Fleisch

Kalte Minischnitzel mit Salaten
Ersetzt den Sonntagsbraten

4 Portionen – Zubereitungszeit: 45 Min., ohne Durchziehzeit

pro Portion
2,50 EUR

8	kleine Schweineschnitzel (je etwa 80 g)
	Salz
	frisch gemahlener Pfeffer
2	Eier
2 EL	Weizenmehl
120 g	Semmelbrösel
80 g	Butter
2 EL	Speiseöl

Für die Salate:

1	kleine Salatgurke (etwa 250 g)
2 EL	Schlagsahne
1–2 EL	Weißweinessig
4	Möhren (etwa 350 g)
1 EL	Zitronensaft
1–2 TL	Zucker
2	gelbe Paprikaschoten
2 Bund	Radieschen
3 EL	Weißweinessig
4–5 EL	Olivenöl

Zum Garnieren:

1 Pck.	Kresse

Pro Portion:
E: 42 g, F: 26 g, Kh: 28 g,
kJ: 2198, kcal: 525

1. Schnitzel abspülen, trocken tupfen und zwischen Frischhaltefolie dünn ausklopfen. Schnitzel aus der Folie nehmen und mit Salz und Pfeffer bestreuen. Eier verschlagen.

2. Die Schnitzel zuerst in Mehl, dann in den verschlagenen Eiern und zuletzt in Semmelbröseln wenden, Panade fest andrücken.

3. Butter und Öl in einer großen Pfanne erhitzen. Die Schnitzel darin von beiden Seiten etwa 10 Minuten braten, herausnehmen, erkalten lassen.

4. Für die Salate Gurke waschen, abtrocknen und die Enden abschneiden. Gurke dünn hobeln, in eine Schüssel geben, würzen. Sahne mit Essig verrühren und unter die Gurkenscheiben mischen.

5. Möhren putzen, schälen, waschen und abtropfen lassen, grob raspeln und mit Salz, Pfeffer, Zitronensaft und Zucker abschmecken.

6. Paprikaschoten halbieren, waschen und in dünne Streifen schneiden. Radieschen putzen, waschen, abtropfen lassen und in dünne Scheiben schneiden. Paprikastreifen und Radieschenscheiben getrennt voneinander mit Salz, Pfeffer, Essig und Öl abschmecken. Salate für etwa 1 Stunde in den Kühlschrank stellen.

7. Kresse abspülen, abschneiden und trocken tupfen. Schnitzel mit den verschiedenen Salaten anrichten und mit der Kresse garniert servieren.

Schweinesteaks mit Thymian und Wacholder

pro Portion
2,50 EUR

Etwas Besonderes am Sonntag – für die ganze Familie
4 Portionen – Zubereitungszeit: 40 Min.

je 200 g	helle und blaue, kernlose Weintrauben
2	Schalotten
4 Zweige	Thymian
4	Wacholderbeeren
4	Schweinerückensteaks (je etwa 140 g)
	Salz
	frisch gemahlener Pfeffer
2 EL	Speiseöl
40 g	Butter
200 ml	Bratenfond

Zum Garnieren:
einige	vorbereitete Thymianzweige

Pro Portion:
E: 32 g, F: 21 g, Kh: 16 g,
kJ: 1595, kcal: 381

1. Weintrauben waschen, trocken tupfen, entstielen und halbieren. Schalotten abziehen und in kleine Würfel schneiden. Thymian abspülen und trocken tupfen. Die Blättchen von den Stängeln zupfen. Blättchen klein schneiden. Wacholderbeeren zerdrücken und fein hacken.

2. Steaks unter fließendem kalten Wasser abspülen und trocken tupfen. Mit Salz und Pfeffer würzen. Den Backofen vorheizen.

3. Speiseöl in einer Pfanne erhitzen, die Steaks darin von beiden Seiten etwa 5 Minuten braten. Steaks herausnehmen und in eine feuerfeste Form legen. Die Form auf dem Rost in den vorgeheizten Backofen schieben. Die Steaks warm halten.

Ober-/Unterhitze: etwa 100 °C
Heißluft: etwa 80 °C

4. Butter in dem verbliebenen Bratfett in der Pfanne zerlassen. Schalottenwürfel darin andünsten. Wacholder, Thymianzweige und Weintraubenhälften mit andünsten. Bratenfond hinzugießen, zum Kochen bringen und um die Hälfte einkochen lassen.

5. Die Steaks mit der Sauce auf Tellern anrichten. Mit Thymianzweigen garniert servieren.

Beilage: Kartoffelpüree mit Sahne und Käse überbacken.

Fleisch

Schweinefilet mit Käsecreme und Majoran

pro Portion 2,15 EUR

Der besondere Pfiff: Majoran

6 Portionen – Zubereitungszeit: 45 Minuten – Garzeit: etwa 15 Minuten

12	Schweinemedaillons (je etwa 60 g)
3–4 Stängel	Majoran
120 g	Doppelrahm-Frischkäse
	Salz
	frisch gemahlener Pfeffer
12 Scheiben	magerer Schinkenspeck (etwa 120 g)
2 EL	Speiseöl

Für die Beilage:

500 g	bunte Spaghetti (rot, grün, gelb)
	Salz
	frisch gemahlener Pfeffer
	Knoblauchpulver
2 EL	Olivenöl
einige	vorbereitete Zweige Majoran und -blättchen

Außerdem:

	Bindfaden

Pro Portion:
E: 65 g, F: 25 g, Kh: 89 g,
kJ: 3551, kcal: 849

1. Medaillons abspülen und trocken tupfen. In jedes Medaillon von der Seite her eine kleine Tasche einschneiden.

2. Majoran abspülen und trocken tupfen. Blättchen klein schneiden. Frischkäse in einer Schüssel verrühren. Majoran unterrühren. Mit Salz und Pfeffer würzen. Die Masse in einen Spritzbeutel mit Lochtülle füllen und jeweils in die Medaillons spritzen.

3. Je eine Speckscheibe um die Medaillons wickeln und mit je einem Bindfaden zusammenhalten. Medaillons mit wenig Salz und Pfeffer würzen. Den Backofen vorheizen.

4. Speiseöl in einer Pfanne erhitzen, Medaillons darin von jeder Seite etwa 2 Minuten anbraten, herausnehmen und auf eine vorgewärmte, hitzebeständige Platte legen. Die Platte auf dem Rost in den vorgeheizten Backofen schieben.

Ober-/Unterhitze: 180–200 °C
Heißluft: 160–180 °C
Garzeit: etwa 15 Minuten.

5. Spaghetti nach Packungsanleitung bissfest kochen. Spaghetti mit Salz, Pfeffer und Knoblauch würzen. Mit Olivenöl beträufeln.

6. Medaillons mit den Spaghetti auf einem runden Teller anrichten. Mit einem Majoranzweig und -blättchen garniert servieren.

Fleisch

Schweinefilet, süß-sauer
Den Chinesen abgeguckt

4 Portionen – Zubereitungszeit: 25 Min. – Garzeit: etwa 20 Min.

pro Portion
2,20 EUR

500 g	Schweinefilet
	Salz
	frisch gemahlener Pfeffer
20 g	Butter
1 kleine Dose	Ananasscheiben (Abtropfgewicht 175 g)
je 1	rote und grüne Paprikaschote (etwa 400 g)
2	Knoblauchzehen
1 Flasche	klare asiatische, süße Chilisauce (200 g)
3 EL	asiatische Fischsauce

Außerdem:
1 Stück Bratfolie oder Bratschlauch

Pro Portion:
E: 32 g, F: 10 g, Kh: 24 g,
kJ: 1362, kcal: 325

1. Schweinefilet unter fließendem kalten Wasser abspülen und trocken tupfen. Schweinefilet in Scheiben (Medaillons) schneiden, evtl. mit einem Küchenband in Form binden. Mit Salz und Pfeffer würzen. Butter in einer Pfanne zerlassen und die Medaillons von beiden Seiten kurz darin anbraten. Den Backofen vorheizen.

2. Ananasscheiben auf einem Sieb abtropfen lassen und in je 6 Stücke schneiden. Paprika halbieren, entstielen, entkernen und die weißen Scheidewände entfernen. Die Schoten waschen, trocken tupfen und in kleine Würfel schneiden. Knoblauch abziehen und fein hacken.

3. Ananasstücke mit den Paprikawürfeln und Knoblauch in einer Schüssel mischen. Chili- und Fischsauce hinzugeben und unterrühren, mit Salz und Pfeffer würzen.

4. Die Ananas-Paprika-Mischung auf ein großes Stück Bratfolie oder in den Bratschlauch geben, Schweinemedaillons darauf verteilen. Die Bratfolie oder den Bratschlauch nach Packungsanleitung verschließen und auf ein Backblech legen. Das Backblech in den vorgeheizten Backofen schieben.

Ober-/Unterhitze: etwa 200 °C (unteres Drittel)
Heißluft: etwa 180 °C
Garzeit: etwa 20 Minuten.

Beilage: Schmale Bandnudeln mit Sojasauce gewürzt.

Fleisch

Musketier-Spieße
Darauf freuen sich Kinder ganz besonders

8 Stück – Zubereitungszeit: 35 Min. – Grillzeit: etwa 10 Min.

pro Stück
1,20 EUR

je 1	rote, gelbe und grüne Paprikaschote (je 200 g)
40	Nürnberger Würstchen
3 EL	Olivenöl
1 Flasche (250 ml)	Barbecuesauce oder süße Chilisauce

Außerdem:

8	Holzspieße
	Grillschale

Pro Stück:
E: 19 g, F: 34 g, Kh: 10 g,
kJ: 1778, kcal: 424

1. Paprikaschoten halbieren, entstielen, entkernen und die weißen Scheidewände entfernen. Schoten waschen und jede Hälfte in 6–7 etwa gleich große Spalten schneiden.

2. Abwechselnd jeweils 5 Würstchen und 4–5 Paprikaspalten auf Holzspieße stecken. Spieße von allen Seiten mit Olivenöl bestreichen.

3. Eine Grillschale auf den heißen Grillrost legen und die Spieße darin unter Wenden etwa 10 Minuten grillen.

4. Barbecue- oder Chilisauce kalt oder warm zu den Spießen reichen.

Tipp: Statt Nürnberger Würstchen können Sie auch Cocktailwürstchen verwenden.

Fisch

Viktoriabarsch auf getrockneten Tomaten

Der italienische Einfluss ist nicht zu leugnen

4 Portionen – Zubereitungszeit: 30 Min., ohne Auftauzeit – Garzeit: etwa 20 Min.

500 g	TK-Viktoriabarschfilet
150 g	getrocknete Tomaten, in Öl
50 g	Pinienkerne
60 g	Brötchenpaniermehl
3 EL	Olivenöl
2	Limetten (unbehandelt)
½ Topf	Basilikum
	Salz
	frisch gemahlener Pfeffer

Pro Portion:
E: 36 g, F: 20 g, Kh: 22 g,
kJ: 1745, kcal: 418

1. Viktoriabarschfilet auftauen lassen. Den Backofen vorheizen. Tomaten etwas abtropfen lassen, in Streifen schneiden und mit Pinienkernen, Paniermehl und Olivenöl vermischen. Limetten heiß abspülen, trocken tupfen und in Stücke schneiden.

2. Basilikum kalt abspülen, trocken tupfen und die Blätter von den Stängeln zupfen. Jeweils die Hälfte der Tomatenmischung, der Limettenstücke und der Basilikumblätter auf dem Boden einer Auflaufform (gefettet) verteilen.

3. Fischfilet unter fließendem kalten Wasser abspülen, trocken tupfen und mit Salz und Pfeffer würzen. Fischfilets in die Auflaufform legen und die restliche Tomatenmischung und Limonenstücke darauf verteilen.

4. Die Auflaufform auf dem Rost im unteren Drittel in den vorgeheizten Backofen schieben.

Ober-/Unterhitze: etwa 220 °C
Heißluft: etwa 200 °C
Garzeit: etwa 20 Minuten.

5. Aus dem Ofen nehmen und mit den restlichen Basilikumblättern bestreut servieren.

Beilage: Kartoffelpüree oder Risotto und Salat.

Tipp: Die Pinienkerne schmecken besonders nussig, wenn sie vor der Verwendung ohne Fett in einer Pfanne goldbraun geröstet werden.

Fisch

Seelachsfilet in Folie gegart

pro Portion
2,05 EUR

Leicht und kalorienarm – schonend gegart

4 Portionen – Zubereitungszeit: 25 Min. – Garzeit: 20–25 Min.

750 g	TK-Seelachsfilet (aufgetaut)
	Salz
	frisch gemahlener Pfeffer
2 kleine Stangen	Porree (Lauch)
2 EL	Speiseöl
4	Tomaten
½ Bund	glatte Petersilie
3 EL	Röstzwiebeln

Außerdem:

4 Bögen	Alufolie (je etwa 20 x 30 cm)

Pro Portion:
E: 35 g, F: 10 g, Kh: 7 g,
kJ: 1146, kcal: 274

1. Den Backofen vorheizen. Seelachsfilet unter fließendem kalten Wasser abspülen und trocken tupfen. Seelachsfilet mit Salz und Pfeffer würzen.

2. Porree putzen, längs halbieren, gründlich waschen, abtropfen lassen und in feine Streifen schneiden. Speiseöl in einem Topf erhitzen, Porreestreifen hinzugeben und unter mehrmaligem Wenden etwa 3 Minuten darin dünsten. Mit Salz und Pfeffer würzen.

3. 4 Bögen Alufolie auf der Arbeitsfläche ausbreiten. Die Porreestreifen jeweils darauf verteilen. Je 1 Scheibe Seelachsfilet darauf legen.

4. Tomaten waschen, abtrocknen, die Stängelansätze herausschneiden und die Tomaten in Würfel schneiden. Petersilie abspülen, trocken tupfen und fein hacken. Tomatenwürfel mit Petersilie und Röstzwiebeln mischen und auf den Seelachsfiletscheiben verteilen.

5. Die Alufolie zu je einem Päckchen fest verschließen und auf ein Backblech legen. Das Backblech in den vorgeheizten Backofen schieben.

Ober-/Unterhitze: etwa 200 °C
Heißluft: etwa 180 °C
Garzeit: 20–25 Minuten.

6. Jeweils 1 Seelachs-Päckchen auf je einem Teller anrichten, öffnen und sofort servieren.

Fisch

Lachs auf Spitzkohl

Ruck, zuck – aus dem Ofen, auf den Tisch

4 Portionen – Zubereitungszeit: 35 Min., ohne Auftauzeit – Garzeit: 25–30 Min.

4	TK-Lachsfilets (je 125 g)
1 Kopf	Spitzkohl (800 g)
1	Zwiebel
50 g	Butter
250 ml (¼ l)	Gemüsebrühe
	Salz
	frisch gemahlener Pfeffer
600 g	gekochte Pellkartoffeln
250 g	Schlagsahne
2 Pck.	Fix für Lachs-Sahne-Gratin
1 EL	körniger Senf

Pro Portion:
E: 40 g, F: 34 g, Kh: 43 g,
kJ: 3568, kcal: 853

1. Lachsfilets auftauen lassen. Fischfilets abspülen und trocken tupfen.

2. Von dem Spitzkohl die äußeren Blätter entfernen, Spitzkohl vierteln und den Strunk herausschneiden, den Spitzkohl in Streifen schneiden, abspülen, abtropfen lassen. Zwiebel abziehen und würfeln.

3. Butter in einem Topf zerlassen und Zwiebelwürfel darin andünsten. Spitzkohlstreifen hinzufügen und unter Rühren andünsten. Gemüsebrühe hinzugießen, alles mit Salz und Pfeffer würzen und etwa 10 Minuten garen.

4. Den Spitzkohl auf einem Sieb abtropfen lassen, dabei die Garflüssigkeit auffangen, mit Wasser auf 250 ml (¼ l) auffüllen und zurück in den Topf geben. Den Backofen vorheizen.

5. Kartoffeln pellen, in Scheiben schneiden, mit den Kohlstreifen mischen und in eine flache Auflaufform geben. Lachs mit Salz und Pfeffer bestreuen und auf die Kohl-Kartoffel-Mischung legen.

6. Sahne zu der Garflüssigkeit geben und Fix für Lachs-Sahne-Gratin und Senf unterrühren. Die Sauce über dem Lachs verteilen. Die Form auf dem Rost in den vorgeheizten Backofen schieben.

Ober-/Unterhitze: etwa 200 °C
Heißluft: etwa 180 °C
Garzeit: 25–30 Minuten.

Fisch

pro Portion
2,05 EUR

Schollenfilet in Zitronen-Kräuter-Panade
Die perfekte Kombination: leicht und schnell gemacht

4 Portionen – Zubereitungszeit: etwa 30 Min.

500 g	TK-Schollenfilets

Für den Kartoffelsalat:

1 kg	festkochende Kartoffeln
2	Zwiebeln
4 EL	Speiseöl
150 ml	Gemüsebrühe
6 EL	Weißweinessig
1 TL	mittelscharfer Senf
	Salz
	frisch gemahlener Pfeffer
1 Bund	Schnittlauch

Für die Schollenfilets:

2	Bio-Zitronen (unbehandelt)
2 EL	gehackte Kräuter, z. B. Petersilie, Dill, Estragon, Thymian
4 EL	Brötchenpaniermehl
1	Ei
	Salz
	frisch gemahlener Pfeffer
4 EL	Mehl
6 EL	Rapsöl

Pro Portion:
E: 30 g, F: 24 g, Kh: 45 g,
kJ: 2183, kcal: 522

1. Die Schollenfilets auftauen lassen. Für den Salat Kartoffeln in Salzwasser, etwa 25 Minuten gar kochen. Kartoffeln abgießen, heiß pellen und in Scheiben schneiden. Kartoffeln in eine große Schüssel geben.

2. Zwiebeln abziehen und in kleine Würfel schneiden. Öl in einem Topf erhitzen und Zwiebelwürfel darin glasig dünsten. Brühe, Essig und Senf hinzugeben und aufkochen lassen. Zwiebelmarinade zu den noch warmen Kartoffelscheiben geben und vorsichtig untermischen. Mit Salz und Pfeffer würzen und erkalten lassen.

3. Schollenfilets abspülen und trocken tupfen. Zitronen heiß abwaschen, abtrocknen und die Schale abraspeln. Die Zitronenschale mit Kräutern und Paniermehl mischen. Das Ei verquirlen.

4. Schollenfilets mit Salz und Pfeffer würzen, zuerst in Mehl wenden (überschüssiges Mehl abklopfen), dann durch das Ei ziehen, am Rand abstreifen und in der Zitronen-Kräuter-Panade wenden, etwas andrücken.

5. Schnittlauch abspülen, in feine Röllchen schneiden. Kartoffelsalat nochmals mit Salz und Pfeffer abschmecken, evtl. noch etwas Gemüsebrühe hinzugeben und Schnittlauch unterheben.

6. Öl in einer Pfanne erhitzen und Schollenfilets darin etwa 6 Minuten braten, dabei einmal wenden. Schollenfilets mit Kartoffelsalat anrichten.

Porree-Pfifferlings-Fisch

Leichter Genuss ohne Reue

4 Portionen – Zubereitungszeit: 25 Min. – Garzeit: etwa 30 Min.

1 Stange	Porree (Lauch, 200 g)
3–4	Möhren (250 g)
250 g	Pfifferlinge
600 g	TK-Fischfilets (z. B. Seelachs, aufgetaut)
	Salz
	frisch gemahlener Pfeffer
2 TL	abgeriebene Schale von 1 Bio-Zitrone (unbehandelt)
2 EL	Speiseöl
1 EL	Crème fraîche
75 g	geriebener Gouda
1 EL	gehackte Petersilie oder Dill

Pro Portion:
E: 37 g, F: 13 g, Kh: 3 g,
kJ: 1216, kcal: 291

1. Porree putzen, gründlich waschen und abtropfen lassen. Porree in Ringe schneiden. Möhren putzen, schälen, abspülen und in feine Stifte schneiden. Pfifferlinge putzen und mit Küchenpapier abreiben. Große Pfifferlinge evtl. halbieren.

2. Fischfilets unter fließendem kalten Wasser abspülen und trocken tupfen. Filets mit Salz, Pfeffer und Zitronenschale würzen und in eine gebutterte Auflaufform legen. Den Backofen vorheizen.

3. Öl in einer beschichteten Pfanne erhitzen. Möhrenstifte, Pfifferlinge und Porree darin unter Wenden etwa 4 Minuten bei starker Hitze anbraten und anschließend mit Salz und Pfeffer würzen. Crème fraîche unterrühren.

4. Die Pilz-Gemüse-Mischung auf dem Fisch verteilen und Käse darüber streuen. Die Form auf dem Rost in den vorgeheizten Backofen schieben.

Ober-/Unterhitze: etwa 200 °C
Heißluft: etwa 180 °C
Garzeit: etwa 30 Minuten.

5. Das Gericht mit Petersilie oder Dill bestreut servieren.

Beilage: Dazu schmecken Pellkartoffeln oder knuspriges Baguette.

Tipp: Außerhalb der Pfifferlings-Saison können Sie das Gericht mit braunen Champignons zubereiten.

Fisch

pro Portion
2,50 EUR

Fischspieße auf Rucola-Tomaten-Salat

Ihre Gäste werden Sie für dieses Gericht loben

4 Portionen – Zubereitungszeit: 50 Min., ohne Auftauzeit

Für die Spieße:

4	TK-Zanderfilets (je etwa 125 g) oder 6 Schollenfilets (je 80 g)
2	Zucchini (je etwa 200 g)
500 ml (½ l)	Wasser
	Salz
	frisch gemahlener Pfeffer

Für den Salat:

1 Bund	kurzstielige Rucola (Rauke, etwa 125 g)
400 g	Fleischtomaten
3 EL	Balsamico-Essig
1 Prise	Zucker
8 EL	Olivenöl

Außerdem:

4	dünne Schaschlikspieße

Pro Portion:
E: 26 g, F: 15 g, Kh: 5 g,
kJ: 1078, kcal: 257

1. Die Fischfilets auftauen lassen. Zucchini waschen, abtrocknen, die Enden abschneiden und Zucchini mit der Aufschnittmaschine längs in 12 dünne Scheiben schneiden. Wasser in einem Topf zum Kochen bringen, ½ Teelöffel Salz hinzufügen und Zucchinischeiben in das kochende Salzwasser geben, einmal aufkochen und herausnehmen, in kaltem Wasser abschrecken und trocken tupfen.

2. Fischfilets abspülen, trocken tupfen, längs halbieren und mit Salz und Pfeffer bestreuen. Fischfilets und Zucchinischeiben aufrollen. Dabei darauf achten, dass bei den Fischfilets die Hautseiten innen liegen. Die Röllchen auf Schaschlikspieße stecken (je Spieß 2 Zander- oder 3 Schollenfilets und 3 Zucchiniröllchen).

3. Für den Salat Rucola verlesen, waschen und trocken schleudern. Tomaten putzen, kreuzweise einschneiden, kurz in kochendes Wasser legen und in kaltem Wasser abschrecken. Tomaten enthäuten, die Stängelansätze herausschneiden und Tomaten in Würfel schneiden.

4. Für die Salatsauce Essig mit Salz, Pfeffer und Zucker verrühren. Die Hälfte des Öls unterschlagen.

5. Das restliche Öl in einer beschichteten Pfanne erhitzen und die Fischspießchen darin etwa 10 Minuten bei nicht zu starker Hitze braten, dabei zwischendurch wenden. Rucola und Tomatenwürfel auf Tellern anrichten, die Fischspießchen darauf setzen und mit der Salatsauce beträufeln.

Fisch

Kräuterdorsch auf Dill-Gurkengemüse

Schnell gemacht

4 Portionen – Zubereitungszeit: 30 Min., ohne Auftauzeit

600 g	TK-Dorschfilet
	Salz
	frisch gemahlener Pfeffer
	Zitronensaft
2 EL	Weizenmehl
4 EL	Speiseöl
1 Pck.	TK-Kräuter der Provence
2	kleine Salatgurken (je 400–500 g)
1	Zwiebel
1	Knoblauchzehe
50 g	Butter
2–3 EL	gehackter Dill

Pro Portion:
E: 29 g, F: 24 g, Kh: 7 g,
kJ: 1597, kcal: 380

1. Dorschfilet auftauen lassen. Fischfilets unter fließendem kalten Wasser abspülen und trocken tupfen. Mit Salz, Pfeffer und Zitronensaft würzen und leicht mit Mehl bestäuben.

2. Öl in einer Pfanne erhitzen und die Dorschfilets von beiden Seiten jeweils etwa 3 Minuten braten. Kräuter der Provence auf die Oberseite der Filets streuen, die Filets auf eine vorgewärmte Platte legen, mit Alufolie abdecken und im vorgeheizten Backofen auf dem Rost bei 120–150 °C warm stellen.

3. Salatgurken schälen, längs halbieren und mit einem Teelöffel die Kerne entfernen. Die Gurken in 1 cm dicke Stücke schneiden. Zwiebel und Knoblauch abziehen und würfeln.

4. Butter in einer Pfanne erhitzen. Zwiebelwürfel und Gurkenstückchen darin andünsten, mit Salz, Pfeffer, Knoblauch und Dill würzen und etwa 5 Minuten garen.

5. Den Fisch auf dem Gurkengemüse anrichten und die ausgetretene Flüssigkeit darüber träufeln, sofort servieren.

Beilage: Knoblauch-Butter-Kartoffeln: Dafür 800 g sehr kleine Kartoffeln waschen, mit Salzwasser bedeckt in 15–20 Minuten gar kochen, kalt abspülen, pellen und erkaltet in 1–2 Esslöffeln Butterschmalz hellbraun braten, mit Salz und Pfeffer würzen. Kurz vor Ende der Garzeit 2–3 abgezogene, in feine Streifen geschnittene Knoblauchzehen mitbraten.

Fisch

Kabeljaufilet Müllerin
Kalorienarm und schmeckt echt lecker

4 Portionen – Zubereitungszeit: 50 Min., ohne Auftauzeit – Garzeit: etwa 15 Min.

pro Portion 2,00 EUR

4	TK-Kabeljaufilets (je etwa 150 g)
2 Stangen	Porree (Lauch, etwa 400 g)
6	Tomaten (etwa 500 g)
4 EL	Speiseöl
	Salz
	frisch gemahlener Pfeffer
1	Zitrone
1 Bund	Petersilie
40 g	Butter oder Margarine

Pro Portion:
E: 28 g, F: 17 g, Kh: 5 g,
kJ: 1214, kcal: 290

Beilage: Salzkartoffeln und Blattsalate.

1. Kabeljaufilets auftauen lassen. Porree putzen und die Stangen längs halbieren. Porree gründlich waschen, abtropfen lassen und in Ringe schneiden.

2. Tomaten waschen, kreuzweise einschneiden und kurz in kochendes Wasser legen, in kaltem Wasser abschrecken, enthäuten, halbieren, entkernen und die Stängelansätze entfernen. Tomatenhälften in Würfel schneiden. Den Backofen vorheizen.

3. Zwei Esslöffel in einer Pfanne erhitzen. Porreeringe und Tomatenwürfel hinzufügen, unter Rühren andünsten, mit Salz und Pfeffer würzen. Die Gemüsemischung in eine Auflaufform geben.

4. Kabeljaufilets abspülen und trocken tupfen. Restliches Speiseöl in der gesäuberten Pfanne erhitzen. Kabeljaufilets darin von beiden Seiten anbraten, mit Salz und Pfeffer würzen und auf der Gemüsemischung verteilen. Die Form auf dem Rost in den vorgeheizten Backofen schieben.

Ober-/Unterhitze: etwa 200 °C
Heißluft: etwa 180 °C
Garzeit: etwa 15 Minuten.

5. In der Zwischenzeit Zitrone so schälen, dass die weiße Haut mit entfernt wird. Zitrone in Scheiben schneiden. Petersilie abspülen, Blättchen grob hacken. Butter oder Margarine zerlassen. Die Fischfilets mit den Zitronenscheiben belegen und mit Petersilie bestreuen. Mit Butter oder Margarine beträufeln und sofort servieren.

Fisch

Kabeljauschnitzel in Dillpanade
Fisch schmeckt nicht nur freitags

4 Portionen – Zubereitungszeit: 50 Min., ohne Auftauzeit – Garzeit: etwa 10 Min.

pro Portion
1,75 EUR

4	TK-Kabeljaufilets (je etwa 120 g)
1 Bund	Dill
2	Eier (Größe S)
	Saft von
1	Zitrone
	Worcestersauce
	Salz
	frisch gemahlener Pfeffer
2 EL	Weizenmehl
20 g	Butter oder Margarine
2 EL	Speiseöl

Für das Gemüse:

3	Fleischtomaten (etwa 450 g)
1	Salatgurke (etwa 500 g)
1	Zwiebel
30 g	Butter oder Margarine
1 Bund	Dill

Pro Portion:
E: 27 g, F: 21 g, Kh: 5 g,
kJ: 1346, kcal: 322

1. Filets auftauen lassen. Dill abspülen, trocken tupfen, Spitzen klein schneiden. Eier verschlagen. Dill unterrühren.

2. Kabeljaufilets abspülen, trocken tupfen, mit Zitronensaft und Worcestersauce beträufeln. Mit Salz und Pfeffer bestreuen. Den Backofen vorheizen.

3. Filets zuerst in Mehl wenden, dann durch die Dill-Eier-Masse ziehen, am Schüsselrand etwas abstreifen. Butter oder Margarine und Speiseöl erhitzen. Kabeljaufilets von beiden Seiten darin anbraten und auf ein Backblech (gefettet) legen. Das Backblech in den vorgeheizten Backofen schieben.

Ober-/Unterhitze: 180–200 °C
Heißluft: 160–180 °C
Garzeit: etwa 10 Minuten.

4. Tomaten waschen, trocken tupfen, vierteln, entkernen und die Stängelansätze herausschneiden. Tomaten in Würfel schneiden. Gurke schälen, längs halbieren, entkernen, in Stücke schneiden. Zwiebel abziehen und in kleine Würfel schneiden.

5. Butter oder Margarine in einer großen Pfanne zerlassen, Zwiebelwürfel darin glasig dünsten. Tomatenwürfel und Gurkenstücke hinzugeben und unter gelegentlichem Rühren etwa 10 Minuten mitdünsten lassen. Mit Salz und Pfeffer würzen.

6. Die Dillspitzen von den Stängeln zupfen. Kabeljauschnitzel mit dem Gemüse anrichten, mit Dill bestreuen.

Fisch

Viktoriabarsch unter der Möhren-Nuss-Kruste

pro Portion
2,05 EUR

Auch für Gäste – Fisch unter einer feinen Haube

4 Portionen – Zubereitungszeit: 20 Min., ohne Auftauzeit – Garzeit: 12–15 Min.

4	TK-Viktoriabarschfilets (je etwa 125 g)
1	Möhre (etwa 100 g)
	Salz
	frisch gemahlener Pfeffer
50 g	Semmelbrösel
100 g	gemahlene Haselnusskerne
2	Eier (Größe M)
2–3 EL	Speiseöl
2 EL	gehackter Koriander

Pro Portion:
E: 31 g, F: 28 g, Kh: 13 g,
kJ: 1785, kcal: 427

1. Viktoriabarschfilets nach Packungsanleitung auftauen lassen. Den Backofen vorheizen.

2. Möhre putzen, schälen, waschen, trocken tupfen und auf einer Haushaltsreibe fein reiben.

3. Viktoriabarschfilets unter fließendem kalten Wasser abspülen, trocken tupfen, mit Salz und Pfeffer bestreuen.

4. Geriebene Möhre mit Semmelbröseln, Haselnusskernen, Eiern und Speiseöl verrühren. Mit Salz und Pfeffer würzen. Koriander unterrühren.

5. Die Möhren-Nuss-Masse auf den Viktoriabarschfilets verteilen und in eine flache Auflaufform (gefettet) legen. Die Form auf dem Rost in den vorgeheizten Backofen schieben.

Ober-/Unterhitze: etwa 180 °C
Heißluft: etwa 160 °C
Garzeit: 12–15 Minuten (je nach Dicke der Filets).

6. Die Kruste muss goldbraun gebacken sein.

Beilage: Gemischter Salat mit Joghurt-Dressing und Kartoffelrosetten. Für das Joghurt-Dressing 1 Becher (125 g) Joghurt mit Salz und Pfeffer sowie etwas Zitronensaft und Olivenöl würzen und über den Salat geben.

Pasta

Spinatnudeln

Die perfekte Kombination: schnell und einfach

4 Portionen – Zubereitungszeit: 30 Min., ohne Abkühlzeit

pro Portion 1,00 EUR

700 g oder	Wurzelspinat
500 g	Blattspinat
400 g	Spaghetti
30 g	Pinienkerne oder abgezogene, gestiftelte Mandeln
2	rote Peperoni
2	Zwiebeln
1–2	Knoblauchzehen
3 EL	Olivenöl
	Salz
	frisch gemahlener Pfeffer
	geriebene Muskatnuss
40 g	gehobelter Parmesan

Pro Portion:
E: 21 g, F: 17 g, Kh: 73 g,
kJ: 2213, kcal: 529

1. Von dem Wurzelspinat die Blätter oberhalb der Wurzel abschneiden. Spinatblätter verlesen, gelbe Blätter und dicke Stiele entfernen, gründlich waschen und abtropfen lassen.

2. Spaghetti zweimal durchbrechen, nach Packungsanleitung bissfest kochen. Anschließend die Spaghetti auf ein Sieb geben und abtropfen lassen.

3. Inzwischen Pinienkerne oder Mandeln in einer Pfanne ohne Fett goldbraun rösten, herausnehmen und abkühlen lassen. Peperoni der Länge nach aufschlitzen, entkernen und abspülen, trocken tupfen und in Ringe schneiden. Zwiebeln und Knoblauch abziehen und in kleine Würfel schneiden.

4. 1 ½ Esslöffel von dem Olivenöl in der Pfanne erhitzen und Zwiebel- und Knoblauchwürfel bei mittlerer Hitze darin andünsten. Den Spinat hinzugeben und zugedeckt etwa 5 Minuten garen, mit Salz, Pfeffer und Muskat würzen. Den Deckel abnehmen und den Spinat evtl. offen weiter garen, bis die Flüssigkeit verdampft ist.

5. Restliches Olivenöl in einer großen Pfanne erhitzen und Spaghetti unter mehrmaligem Wenden darin anbraten. Peperoniringe hinzufügen und kurz mit anbraten. Spinat und Pinienkerne oder Mandeln hinzufügen, unterrühren und mit erhitzen. Mit Salz und Pfeffer würzen.

6. Die Spinatnudeln mit Parmesan bestreut servieren.

Pasta

Spaghetti mit Mozzarella

Ist schnell gemacht und bringt einen Hauch Italien auf den Tisch

4 Portionen – Zubereitungszeit: 25 Min.

pro Portion
1,50 EUR

2 Pck. (je 125 g)	Mozzarella
2	Knoblauchzehen
4 EL	Olivenöl
3 Dosen (je 400 g)	stückige Tomaten
2–3 EL	Tomatenmark
125 ml (⅛ l)	Wasser
	Salz
	frisch gemahlener Pfeffer
	Zucker
½ Topf	Basilikum
4 l	Wasser
4 TL	Salz
400 g	grüne Spaghetti

Pro Portion:
E: 29 g, F: 27 g, Kh: 79 g,
kJ: 2837, kcal: 677

1. Mozzarella auf einem Sieb abtropfen lassen und durch die Kartoffelpresse drücken oder in sehr kleine Würfel schneiden.

2. Knoblauch abziehen und in kleine Würfel schneiden. 2 Esslöffel Öl in einem Topf erhitzen und die Knoblauchwürfel darin andünsten. Tomaten, Tomatenmark und Wasser hinzufügen und kurz mit andünsten. Mit Salz, Pfeffer und Zucker würzen und 5–10 Minuten schwach kochen lassen.

3. Basilikum abspülen, trocken tupfen und die Blättchen von den Stängeln zupfen. Die Blättchen in Streifen schneiden und beiseite stellen.

4. Inzwischen Wasser in einem großen Topf mit geschlossenem Deckel zum Kochen bringen. Salz und Nudeln zugeben und die Nudeln nach Packungsanleitung im geöffneten Topf bei mittlerer Hitze bissfest kochen, zwischendurch 4–5 mal umrühren.

5. Die Spaghetti auf ein Sieb geben und abtropfen lassen. Spaghetti in dem restlichen Öl schwenken und in eine große Schüssel geben. Mozzarella-, Tomatenmasse und Basilikumstreifen mit den Spaghetti mischen und sofort servieren.

Tipp: Die Tomatensauce kann auch mit 2–3 Esslöffeln gehacktem Oregano gewürzt werden.

Pasta

Zucchininudeln mit Tomatensauce

Auch ideal als Beilage, dann die Menge halbieren
4 Portionen – Zubereitungszeit: 45 Min.

Für die Tomatensauce:

80 g	Tomaten, in Öl eingelegt
250 g	Schlagsahne
1–2 EL	Öl (von den Tomaten)
1	Fleischtomate
150 g	gegarte Brokkoliröschen
etwas	Wasser oder Nudelwasser
300 g	Zucchini
2 ½ l	Wasser
2 ½ TL	Salz
250 g	Tagliatelle-Nudeln, aus dem Kühlregal
50 g	gehobelter Parmesan

Pro Portion:
E: 13 g, F: 28 g, Kh: 47 g,
kJ: 2148, kcal: 513

1. Für die Sauce Tomaten mit Sahne in einen Topf geben und etwa 10 Minuten bei mittlerer Hitze kochen lassen. Anschließend pürieren und das Tomatenöl unterrühren.

2. Fleischtomate waschen, abtropfen lassen, kreuzweise einschneiden und einige Sekunden in kochendes Wasser legen. Tomate kurz in kaltes Wasser legen, enthäuten, halbieren, entkernen und Stängelansatz herausschneiden. Fruchtfleisch in Stücke schneiden. Tomatenwürfel und Brokkoliröschen zum Tomatenpüree geben.

3. Zucchini waschen, abtrocknen und die Enden abschneiden. Zucchini der Länge nach zuerst in Scheiben, dann in lange Streifen schneiden.

4. Wasser in einem Topf mit geschlossenem Deckel zum Kochen bringen. Salz, Zucchinistreifen und Nudeln zugeben und Nudeln und Zucchini im geöffneten Topf nach Packungsanleitung bei mittlerer Hitze etwa 2 Minuten kochen lassen, zwischendurch umrühren.

5. Anschließend Nudeln und Zucchini auf ein Sieb geben, Kochwasser dabei auffangen. Nudeln und Zucchini abtropfen lassen.

6. Falls die Tomatensauce zu dick ist, etwas Nudelwasser unterrühren.

7. Die Nudeln mit Käse bestreuen und mit der Sauce servieren.

Pasta

Rigatoni mit Tomatensauce

Das essen Kinder gerne

4 Portionen – Zubereitungszeit: 35 Min.

Für die Sauce:

2	mittelgroße Zwiebeln
2–3	Knoblauchzehen
2 Zweige	Thymian
4 EL	Olivenöl
1 Dose (800 g)	geschälte Tomaten
3 EL	Tomatenmark
	Salz
	frisch gemahlener Pfeffer
	gerebelter Majoran
125 g	Schlagsahne
4 l	Wasser
4 TL	Salz
400 g	Rigatoni

Pro Portion:
E: 25 g, F: 24 g, Kh: 81 g,
kJ: 2698, kcal: 645

1. Für die Sauce Zwiebeln und Knoblauch abziehen und in kleine Würfel schneiden. Thymianzweige abspülen und trocken tupfen.

2. Olivenöl in einem Topf erhitzen und Zwiebel- und Knoblauchwürfel darin andünsten. Tomaten mit dem Saft, Tomatenmark und Thymianzweige hinzufügen, die Zutaten zum Kochen bringen und zugedeckt etwa 15 Minuten garen, zwischendurch umrühren.

3. Die Sauce mit Salz, Pfeffer und Majoran würzen. Sahne unterrühren.

4. Wasser in einem großen Topf mit geschlossenem Deckel zum Kochen bringen. Dann Salz und Rigatoni zugeben und die Rigatoni im geöffneten Topf bei mittlerer Hitze nach Packungsanleitung kochen lassen, dabei 4–5 mal umrühren.

5. Anschließend die Rigatoni auf ein Sieb geben und abtropfen lassen.

6. Die Rigatoni in eine Schüssel geben, die Sauce darauf verteilen und sofort servieren.

Tipp: Es kann auch zusätzlich geriebener Parmesan auf das Nudelgericht gestreut werden. Dazu passt ein gemischter Salat, z. B. Lollo Rosso, Lollo Bianco in einer Vinaigrette angemacht und mit Sojasprossen bestreut.

Pasta

Spaghetti mit Pilzsauce
Einfach lecker und das nicht nur im Herbst

4 Portionen – Zubereitungszeit: 35 Min.

pro Portion **2,15** EUR

Für die Pilzsauce:

750 g	Champignons
100 g	Schinkenspeck
1	Zwiebel
1	Knoblauchzehe
3–4 EL	Olivenöl
	Salz
	frisch gemahlener Pfeffer
1 Becher (150 g)	Crème fraîche
125 g	Schlagsahne
80 g	geriebener Parmesan
2 EL	fein geschnittener Schnittlauch
2 EL	gehackte, glatte Petersilie
einige	gehackte Basilikumblättchen
4 l	kochendes Wasser
4 TL	Salz
400 g	Spaghetti
1–2 EL	Butter

Nach Belieben zum Garnieren:

etwas	fein geschnittener Schnittlauch
etwas	gehackte, glatte Petersilie
einige	gehackte Basilikumblättchen

Pro Portion:
E: 22 g, F: 54 g, Kh: 73 g,
kJ: 3797, kcal: 906

1. Für die Sauce Champignons putzen, mit Küchenpapier abreiben und in Scheiben schneiden. Schinkenspeck in Streifen schneiden. Zwiebel und Knoblauch abziehen und würfeln.

2. Olivenöl in einem Topf erhitzen und Speckstreifen, Zwiebel- und Knoblauchwürfel darin andünsten, Champignonscheiben hinzufügen und unter Rühren dünsten, bis die Flüssigkeit fast verdampft ist. Mit Salz und Pfeffer würzen.

3. Crème fraîche mit Sahne und Käse verrühren, zu den Champignonscheiben geben und unter Rühren aufkochen lassen.

4. Schnittlauch, Petersilie und Basilikumblättchen unterrühren, mit Salz und Pfeffer abschmecken.

5. Wasser in einem großen Topf mit geschlossenem Deckel zum Kochen bringen. Salz und Spaghetti zugeben. Die Spaghetti nach Packungsanleitung im geöffneten Topf bei mittlerer Hitze kochen lassen, dabei zwischendurch 4–5-mal umrühren.

6. Anschließend die Spaghetti auf ein Sieb geben und abtropfen lassen. Butter zerlassen. Spaghetti darin schwenken und mit der Pilzsauce servieren.

7. Nach Belieben mit Schnittlauch, Petersilie und Basilikumblättchen garnieren.

Tipp: Statt Schinkenspeck können Sie auch 200 g gekochten Schinken verwenden.

Pasta

pro Portion
1,75 EUR

Spaghetti mit Tomaten-Basilikum-Sauce

Der Klassiker der Pasta-Küche

4 Portionen – Zubereitungszeit: 35 Min.

Für die Tomaten-Basilikum-Sauce:

1 kg	Fleischtomaten
2	Zwiebeln
2	Knoblauchzehen
5 EL	Olivenöl
3 EL	Rotwein
	Salz
	frisch gemahlener Pfeffer
	Oregano
1 Topf	Basilikum
5 l	Wasser
5 TL	Salz
500 g	Spaghetti
100 g	geriebener Parmesan

Pro Portion:

E: 28 g, F: 25 g, Kh: 93 g,
kJ: 3186, kcal: 761

1. Für die Sauce Tomaten waschen, abtropfen lassen, kreuzweise einschneiden und einige Sekunden in kochendes Wasser legen. Tomaten kurz in kaltes Wasser legen, enthäuten, halbieren, entkernen und Stängelansätze herausschneiden. Fruchtfleisch in Würfel schneiden. Zwiebeln und Knoblauch abziehen und fein würfeln.

2. Olivenöl in einer Pfanne erhitzen. Zwiebel- und Knoblauchwürfel darin andünsten. Tomatenwürfel hineingeben und mit andünsten. Rotwein hinzufügen. Mit Salz, Pfeffer und Oregano würzen. Basilikum von den Stängeln zupfen, waschen, trocken tupfen, in Streifen schneiden und unterrühren.

3. Wasser in einem großen Topf mit geschlossenem Deckel zum Kochen bringen. Salz und Spaghetti hinzugeben. Die Spaghetti nach Packungsanleitung im geöffneten Topf bei mittlerer Hitze kochen lassen, dabei zwischendurch 4–5 mal umrühren.

4. Anschließend die Spaghetti auf ein Sieb geben und abtropfen lassen.

5. Spaghetti auf 4 tiefen Teller anrichten. Die Sauce darauf geben und mit Käse bestreuen.

Tipp: Statt der frischen Tomaten können Sie auch 1 Dose (800 g) geschälte Tomaten verwenden.

Pasta

Spaghetti mit Gemüse-Bolognese

Der Klassiker mal ohne Fleisch

4 Portionen – Zubereitungszeit: 40 Min.

pro Portion
1,15 EUR

1	kleine Zwiebel
1	Knoblauchzehe
1	mittelgroße Möhre
1 Stange	Staudensellerie
2	Zucchini
2	Tomaten
6 EL	Olivenöl
100 ml	Rotwein
200 g	passierte Tomaten (Tetrapak)
1 geh. TL	gehackter oder gerebelter Majoran oder Oregano
500 g	Spaghetti
	Salz
	frisch gemahlener Pfeffer
50 g	frisch geriebener Parmesan
	Majoran- oder Oreganoblättchen

Pro Portion:
E: 22 g, F: 23 g, Kh: 92 g,
kJ: 2884, kcal: 688

1. Zwiebel und Knoblauch abziehen und fein würfeln. Möhre putzen und schälen, Sellerie putzen, beides sehr fein würfeln. Zucchini und Tomaten waschen, Enden der Zucchini abschneiden und Zucchini in sehr kleine Würfel schneiden. Tomaten vierteln, Stängelansätze herausschneiden, Tomaten entkernen und ebenfalls in sehr feine Würfel schneiden.

2. Zwiebel- und Knoblauchwürfel in einer Pfanne mit Öl bei mittlerer Hitze glasig dünsten. Möhren- und Selleriewürfel dazugeben und 3–4 Minuten mitdünsten. Dann Zucchini- und Tomatenwürfel kurz mitdünsten und den Rotwein dazugießen. Passierte Tomaten und Kräuter dazugeben und alles bei schwacher Hitze 15 Minuten köcheln, bis das Gemüse weich ist.

3. In der Zwischenzeit Spaghetti nach Packungsanleitung in reichlich Salzwasser bissfest kochen, abgießen und abtropfen lassen. Fertige Sauce mit Salz und Pfeffer abschmecken und mit den Nudeln auf tiefen Tellern oder in einer Schüssel anrichten. Parmesan darüber streuen und mit Majoran- oder Oreganoblättchen garnieren.

Aufläufe

Ravioli-Gratin
Wenige Zutaten, viel Geschmack

4 Portionen – Zubereitungszeit: 25 Min. – Backzeit: etwa 20 Min.

pro Portion 2,10 EUR

300 g	Tomaten
1	Zucchini (etwa 300 g)
500 g	Ravioli mit Käsefüllung (aus dem Kühlregal)
1 Bund	Basilikum
2 Pck. (je 370 g)	Tomatenpüree mit Knoblauch
250 g	Schlagsahne
100 g	frisch geriebener Greyerzer
	Salz
	frisch gemahlener Pfeffer

Pro Portion:
E: 28 g, F: 42 g, Kh: 74 g,
kJ: 3315, kcal: 789

Beilage: Gemischter Salat oder ein grüner Salat.

1. Tomaten waschen, trocken tupfen, vierteln, entkernen und die Stängelansätze herausschneiden. Zucchini waschen, abtrocknen und die Enden abschneiden. Zucchini in dünne Scheiben schneiden oder hobeln.

2. Den Backofen vorheizen. Ravioli nach Packungsanleitung zubereiten. Ein Drittel der Ravioli in eine flache Auflaufform geben, die Hälfte der Tomatenviertel und die Hälfte der Zucchinischeiben darauf verteilen.

3. Basilikum abspülen, trocken tupfen und die Blättchen von den Stängeln zupfen. Basilikum in feine Streifen schneiden. Tomatenpüree mit den Basilikumstreifen mischen und auf den Tomatenvierteln und Zucchinischeiben verteilen. Wieder ein Drittel der Ravioli darauf geben, dann die restlichen Tomaten und Zucchini darauf verteilen und mit den restlichen Ravioli belegen.

4. Sahne in einem Topf zum Kochen bringen und die Hälfte des Käses hinzufügen, unter Rühren schmelzen lassen und mit Salz und Pfeffer würzen. Den Auflauf mit der Käse-Sahne-Sauce begießen und den restlichen Käse darauf streuen.

5. Die Form auf dem Rost in den vorgeheizten Backofen schieben.

Ober-/Unterhitze: etwa 200 °C
Heißluft: etwa 180 °C
Backzeit: etwa 20 Minuten.

Aufläufe

pro Portion
2,25 EUR

Taco-Auflauf mit Schweinenackensteaks

Etwas Besonderes, wenn Gäste kommen

4 Portionen – Zubereitungszeit: 30 Min. – Garzeit: etwa 85 Min.

400 g	Zwiebeln
1 EL	Butterschmalz
4	Schweinenackensteaks (je etwa 150 g)
	Salz
	frisch gemahlener Pfeffer
1 Glas	scharfe Taco-Sauce oder Salsa-Sauce (225–250 ml)
75 ml	Gemüsebrühe
500 g	Kartoffeln
1 Dose	Gemüsemais (Abtropfgewicht 140 g)
2 EL	Speiseöl, z. B. Sonnenblumenöl
50 g	Tortilla-Chili-Chips
100 g	geriebener Cheddar-Käse

Pro Portion:
E: 42 g, F: 43 g, Kh: 36 g,
kJ: 2904, kcal: 694

1. Den Backofen vorheizen. Zwiebeln abziehen und in Spalten schneiden. Butterschmalz in einer Pfanne erhitzen und die Zwiebeln darin andünsten. Fleisch abspülen, trocken tupfen und mit etwas Salz und Pfeffer würzen. Zwiebeln und Fleisch (leicht überlappend oder nebeneinander) in eine große Auflaufform schichten.

2. Taco- oder Salsa-Sauce mit Brühe mischen und darüber gießen. Die Form auf dem Rost in den vorgeheizten Backofen schieben.

Ober-/Unterhitze: etwa 200 °C
Heißluft: etwa 180 °C
Garzeit: etwa 40 Minuten.

3. Kartoffeln schälen, waschen, abtropfen lassen und in Würfel schneiden. Mais abtropfen lassen. Kartoffeln mit Mais mischen und Salz, Pfeffer und Öl untermengen. Auflaufform herausnehmen, die Kartoffelmischung auf dem Fleisch verteilen und etwas untermischen. Die Form wieder auf dem Rost in den Backofen schieben und den Auflauf bei gleicher Backofeneinstellung weitere 35 Minuten schmoren.

4. Die Form erneut herausnehmen. Tortilla-Chips auf den Zutaten verteilen und Käse darüber streuen. Die Form wieder auf dem Rost in den Backofen schieben und den Auflauf bei gleicher Backofeneinstellung weitere 10 Minuten goldbraun überbacken.

Aufläufe

Westernauflauf
Hier kommt der Wilde Westen auf den Tisch

4 Portionen – Zubereitungszeit: 30 Min. – Garzeit: etwa 40 Min.

pro Portion 2,30 EUR

500 g	Schweinegulasch (aus dem Nacken)
100 g	durchwachsener Speck
1	Gemüsezwiebel
1	grüne Paprikaschote
1 Dose	Gemüsemais (Abtropfgewicht 240 g)
1 Dose	Kidneybohnen (Abtropfgewicht 250 g)
1 Dose	Champignonscheiben (Abtropfgewicht 215 g)
3 EL	Speiseöl
	Salz
	frisch gemahlener Pfeffer
	Paprikapulver edelsüß
	Cayennepfeffer
2 EL	Tomatenmark
1 Dose	stückige Tomaten (Einwaage 400 g)
125 ml (⅛ l)	Fleischbrühe
75 g	geraspelter Käse, z. B. Emmentaler
40 g	Butter

Pro Portion:
E: 48 g, F: 58 g, Kh: 37 g,
kJ: 3811, kcal: 911

1. Das Gulasch unter fließendem kalten Wasser abspülen, trocken tupfen und etwas kleiner schneiden. Speck in Würfel schneiden.

2. Gemüsezwiebel abziehen, halbieren und in feine Streifen schneiden. Paprikaschote halbieren, entstielen, entkernen und die weißen Scheidewände entfernen. Schote waschen und in feine Streifen schneiden. Mais, Kidneybohnen und Champignonscheiben auf einem Sieb abtropfen lassen.

3. Den Backofen vorheizen. Öl in einer großen Pfanne oder einem großen Topf erhitzen und den Speck darin auslassen. Das Gulasch kurz darin rundherum kräftig anbraten. Zwiebel- und Paprikastreifen hinzufügen und unter Rühren darin andünsten.

4. Alles mit Salz, Pfeffer, Paprika und Cayennepfeffer bestreuen. Tomatenmark unterrühren. Mais, Kidneybohnen, Champignonscheiben, Tomaten und Brühe untermischen.

5. Die Zutaten in eine große, flache Auflaufform geben und mit Käse bestreuen. Butter in Flöckchen darauf verteilen. Die Form auf dem Rost in den vorgeheizten Backofen schieben.

Ober-/Unterhitze: etwa 180 °C
Heißluft: etwa 160 °C
Garzeit: etwa 40 Minuten.

Beilage: Nudeln.

Aufläufe

Berliner Bulettenauflauf

pro Portion
2,15 EUR

Bulette, Fleischpflanzerl oder Frikadelle – 3 Namen für einen Fleischklops

4 Portionen – Zubereitungszeit: 30 Min. – Garzeit: etwa 30 Min.

Für die Buletten:

1	Zwiebel
600 g	Gehacktes (halb Rind-, halb Schweinefleisch)
1	Ei (Größe M)
50 g	Semmelbrösel
	Salz
	frisch gemahlener Pfeffer
2 EL	Speiseöl

Außerdem:

500 g	kleine gegarte Pellkartoffeln
100 g	Cocktailtomaten
1 Bund	Schnittlauch
1 Becher (150 g)	Crème fraîche
150 g	Schlagsahne
3	Eier (Größe M)
	Paprikapulver edelsüß
100 g	geriebener Gouda

Pro Portion:
E: 48 g, F: 66 g, Kh: 30 g,
kJ: 3787, kcal: 906

1. Den Backofen vorheizen. Für die Buletten Zwiebel abziehen und fein würfeln. Hackfleisch gut mit Zwiebelwürfeln, Ei und Semmelbröseln vermischen und mit Salz und Pfeffer würzen.

2. Die Hackfleischmasse zu 12 Buletten formen und diese in erhitztem Öl rundherum 3–5 Minuten anbraten.

3. Die gegarten Kartoffeln pellen, je nach Größe halbieren oder vierteln und zusammen mit den Buletten und den gewaschenen Cocktailtomaten in einer Auflaufform verteilen.

4. Schnittlauch abspülen, trocken tupfen und in Röllchen scheiden. Crème fraîche mit Sahne, Eiern, Salz, Pfeffer, Paprika und Schnittlauch verrühren. Den Guss über das Fleisch und die Kartoffeln verteilen, mit Käse bestreuen und die Form auf dem Rost in den vorgeheizten Backofen schieben.

Ober-/Unterhitze: etwa 200 °C
Heißluft: etwa 180 °C
Garzeit: etwa 30 Minuten.

Beilage: Krautsalat oder gemischter Salat.

Aufläufe

Fleischkäse-Gemüse-Auflauf
Kinder lieben diesen Auflauf

4 Portionen – Zubereitungszeit: 25 Min. – Garzeit: etwa 35 Min.

1 Stange	Porree (Lauch)
1	rote Paprikaschote
1 Dose	Gemüsemais (Abtropfgewicht 285 g)
3 EL	Speiseöl
150 g	TK-Erbsen
	Salz
	frisch gemahlener Pfeffer
	Cayennepfeffer
4 Scheiben	Fleischkäse (je 100 g)

Für die Sauce:

4	Eier (Größe M)
200 g	Schlagsahne
100 g	geraspelter Emmentaler

Pro Portion:
E: 29 g, F: 59 g, Kh: 21 g,
kJ: 3180, kcal: 760

1. Porree putzen, längs halbieren, gründlich waschen und in Streifen schneiden. Paprika halbieren, entstielen, entkernen und die weißen Scheidewände entfernen. Schote waschen und in Streifen schneiden.

2. Mais auf einem Sieb abtropfen lassen. Den Backofen vorheizen.

3. Öl in einem weiten Topf oder einer Pfanne erhitzen und Porree- und Paprikastücke darin andünsten. Mais und Erbsen hinzufügen und mit andünsten. Alles mit Salz, Pfeffer und Cayennepfeffer würzen. Evtl. etwas Wasser hinzufügen. Fleischkäse in Streifen schneiden und unter die Gemüsemischung heben. Gemüse-Fleischkäse-Mischung in eine Auflaufform geben.

4. Für die Sauce Eier mit Sahne verschlagen und mit den Gewürzen abschmecken. Die Sauce über das Gemüse geben und mit Käse bestreuen. Die Form auf dem Rost in den vorgeheizten Backofen schieben.

Ober-/Unterhitze: etwa 200 °C
Heißluft: etwa 180 °C
Garzeit: etwa 35 Minuten

Beilage: Baguette, Risotto oder Röstkartoffeln.

Aufläufe

Nudel-Mett-Auflauf

Darauf freuen sich die Kinder

4 Portionen – Zubereitungszeit: 20 Min. – Garzeit: etwa 35 Min.

pro Portion
1,55 EUR

2 ½ l	Wasser
2 ½ TL	Salz
250 g	Spiralnudeln
500 g	Thüringer Mett
1 Dose (400 g)	Tomatenstücke mit Kräutern
½ Flasche (250 ml)	Texicana-Salsa-Sauce
1 Pck. (300 g)	TK-Balkangemüse
	Salz
	frisch gemahlener Pfeffer
	Kräuter der Provence
50 g	geriebener Parmesan
25 g	Semmelbrösel

Pro Portion:
E: 42 g, F: 48 g, Kh: 64 g,
kJ: 3692, kcal: 882

1. Wasser in einem großen Topf zugedeckt zum Kochen bringen. Salz und Nudeln zugeben. Die Nudeln nach Packungsanleitung im geöffneten Topf bei mittlerer Hitze bissfest kochen, dabei gelegentlich umrühren. Den Backofen vorheizen.

2. Anschließend die Nudeln auf ein Sieb geben, abtropfen lassen und in eine leicht gefettete Auflaufform geben.

3. Aus dem Mett kleine Klöße formen. Mettklößchen zwischen den Nudeln verteilen. Tomatenstücke mit Texicana-Salsa und Balkangemüse verrühren und die Mischung mit Salz, Pfeffer und Kräutern der Provence würzen.

4. Das Gemüse auf die Nudeln und Mettklößchen geben. Alles mit Käse und Semmelbröseln bestreuen. Die Form auf dem Rost in den vorgeheizten Backofen schieben.

Ober-/Unterhitze: etwa 200 °C
Heißluft: etwa 180 °C
Garzeit: etwa 35 Minuten.

Tipp: Sie können auch Tomaten mit Kräutern aus dem Tetra Pak (Einwaage 370 g) verwenden. Feuchten Sie beim Formen der Klöße immer wieder die Hände mit kaltem Wasser an, so klebt das Mett nicht so an den Händen.

Aufläufe

Bunter Tortelliniauflauf

Schnell und einfach in der Zubereitung

4 Portionen – Zubereitungszeit: 20 Min. – Garzeit: etwa 30 Min.

pro Portion
2,50 EUR

2 ½ l	Wasser
2 ½ TL	Salz
250 g	getrocknete, bunte Tortellini
je 1	kleine rote, grüne und gelbe Paprikaschote
1 kleine Stange	Porree (Lauch)
400 g	gekochter Schinken, in Scheiben geschnitten

Für den Guss:

50 g	Schlagsahne
1 Becher (150 g)	Crème fraîche
150 ml	Milch
2	Eier (Größe M)
	Chinagewürz
	Currypulver
	Salz
	frisch gemahlener Pfeffer
150 g	geriebener Gouda

Pro Portion:
E: 48 g, F: 41 g, Kh: 44 g,
kJ: 3139, kcal: 750

1. Wasser in einem großen Topf zugedeckt zum Kochen bringen. Salz und Tortellini zugeben und die Tortellini nach Packungsanleitung im geöffneten Topf bei mittlerer Hitze bissfest kochen, dabei gelegentlich umrühren. Anschließend Tortellini auf ein Sieb geben und abtropfen lassen. Den Backofen vorheizen.

2. In der Zwischenzeit Paprika halbieren, entstielen, entkernen und die weißen Scheidewände entfernen. Schoten waschen und in feine Streifen schneiden. Porree putzen, halbieren, gut waschen und in Streifen schneiden. Schinken in Streifen oder Würfel schneiden. Die Tortellini mit dem Gemüse und Schinken mischen und in einer Auflaufform verteilen.

3. Für den Guss Sahne mit Crème fraîche, Milch und Eiern verrühren und mit Chinagewürz, Curry, Salz und Pfeffer würzen. Den Guss über den Auflauf verteilen und alles mit Käse bestreuen. Die Form auf dem Rost in den vorgeheizten Backofen schieben.

Ober-/Unterhitze: etwa 200 °C
Heißluft: etwa 180 °C
Garzeit: etwa 30 Minuten.

Variante: 1 Dose Champignonscheiben (Abtropfgewicht 370 g) hinzufügen und etwas Tomatenmark in den Guss rühren.

Aufläufe

Bunter Nudelauflauf mit Schinken

Den essen Kinder gerne

4 Portionen – Zubereitungszeit: 25 Min. – Garzeit: etwa 40 Min.

pro Portion 1,40 EUR

2 l	Wasser
2 ½ TL	Salz
250 g	Nudeln, z. B. Hörnchen oder Penne
250 ml (¼ l)	Fleisch- oder Gemüsebrühe
1 Pck. (300 g)	italienisches TK-Pfannengemüse
2	Fleischtomaten
200 g	gekochter Schinken
125 ml (⅛ l)	Milch
3	Eier (Größe M)
	Salz
	frisch gemahlener Pfeffer
125 g	Mozzarella

Pro Portion:
E: 33 g, F: 24 g, Kh: 54 g,
kJ: 2498, kcal: 596

1. Wasser ein einem großen Topf zugedeckt zum Kochen bringen. Salz und Nudeln zugeben. Die Nudeln nach Packungsanleitung im geöffneten Topf bei mittlerer Hitze bissfest kochen, dabei gelegentlich umrühren. Anschließend die Nudeln auf ein Sieb geben und abtropfen lassen. Den Backofen vorheizen.

2. Brühe in einem Topf zum Kochen bringen. Pfannengemüse hinzugeben, Brühe wieder zum Kochen bringen und Gemüse 2 Minuten garen.

3. Tomaten kreuzweise einschneiden und einige Sekunden in kochendes Wasser legen. Tomaten dann kurz in kaltes Wasser legen, enthäuten, halbieren, entkernen und die Stängelansätze herausschneiden. Fruchtfleisch in Würfel schneiden. Schinken ebenfalls würfeln.

4. Milch mit Eiern, Salz und Pfeffer verquirlen. Tomaten-, Schinkenwürfel und das Gemüse mit der Brühe hinzufügen. Die Masse abwechselnd mit den Nudeln in eine Auflaufform geben. Mozzarella fein würfeln und darüber streuen. Die Form auf dem Rost in den vorgeheizten Backofen schieben.

Ober-/Unterhitze: etwa 200 °C
Heißluft: etwa 180 °C
Garzeit: etwa 40 Minuten.

Aufläufe

Knöpfli-Auflauf mit Wirsing
Lässt sich gut vorzubereiten

4 Portionen – Zubereitungszeit: 40 Min. – Garzeit: etwa 25 Min.

pro Portion 2,20 EUR

1	Wirsing (etwa 800 g)
1	Zwiebel
3 EL	Speiseöl
	Salz
	frisch gemahlener Pfeffer
1 TL	Kümmelsamen
½ TL	Currypulver
	etwas Wasser
250 g	Knöpfli-Nudeln
3–4	Mettwürstchen oder Rauchenden

Für die Sauce:

50 g	Butter
1 geh. EL	Weizenmehl
250 g	Schlagsahne
150 ml	Gemüsebrühe
150 g	geriebener, mittelalter Gouda
20 g	Butter
1 EL	fein geschnittener Schnittlauch

Pro Portion:
E: 49 g, F: 67 g, Kh: 56 g,
kJ: 4500, kcal: 1075

1. Wirsing putzen, vierteln, den Strunk herausschneiden. Wirsing in Streifen schneiden, abspülen und abtropfen lassen.

2. Zwiebel abziehen und fein würfeln. Speiseöl erhitzen. Zwiebelwürfel darin andünsten. Wirsingstreifen hinzufügen und mit Salz, Pfeffer, Kümmel und Curry bestreuen. Etwas Wasser hinzugeben. Den Wirsing zugedeckt etwa 10 Minuten garen.

3. Nudeln nach Packungsanleitung bissfest kochen, auf ein Sieb geben und abtropfen lassen.

4. Den Backofen vorheizen. Mettwürstchen oder Rauchenden in Scheiben schneiden, mit dem Wirsing mischen und abwechselnd mit den Nudeln in eine flache Auflaufform füllen.

5. Für die Sauce Butter in einem Topf zerlassen. Mehl unter Rühren so lange darin erhitzen, bis es hellgelb ist. Sahne und Brühe hinzugießen und mit einem Schneebesen durchschlagen, dabei darauf achten, dass keine Klümpchen entstehen. Zwei Drittel von dem Käse unterrühren, Salz und Pfeffer würzen und auf dem Auflauf verteilen. Butter in Flöckchen darauf setzen. Restlichen Käse darüber streuen. Die Form auf dem Rost in den vorgeheizten Backofen schieben.

Ober-/Unterhitze: etwa 200 °C
Heißluft: etwa 180 °C
Garzeit: etwa 25 Minuten.

6. Den Auflauf mit Schnittlauch bestreuen.

Fleisch

Fränkischer Krautauflauf

Günstige Mahlzeit – macht satt und schmeckt

4 Portionen – Zubereitungszeit: etwa 40 Minuten – Garzeit: 35–40 Minuten

pro Portion 1,65 EUR

	Wasser
	Salz
	(auf 1 l Wasser 1 TL Salz)
1	mittelgroßer Kopf Weißkohl (etwa 1 kg)
1	dicke Zwiebel
80 g	Schweineschmalz
	Salz
1	Lorbeerblatt
1	Gewürznelke
500 g	Gehacktes (halb Rind-, halb Schweinefleisch)
	frisch gemahlener Pfeffer
etwas	gemahlener Kümmel
100 g	durchwachsener Speck in Scheiben

Zum Garnieren:
| 2 EL | saure Sahne |
| | Petersilienblättchen |

Pro Portion:
E: 31 g, F: 45 g, Kh: 9 g,
kJ: 2364, kcal: 564

1. In einem großen Topf reichlich Wasser zum Kochen bringen und Salz hinzufügen. Inzwischen von dem Weißkohl die äußeren welken Blätter entfernen. Den Weißkohl abspülen, den Strunk unten keilförmig herausschneiden und den Weißkohl so lange in das kochende Wasser legen, bis sich die äußeren Blätter lösen. Diesen Vorgang wiederholen, bis sich 6–8 Blätter lösen lassen und etwas weich sind. Die Blätter abtropfen lassen und mit Küchenpapier trocken tupfen. Die dicken Blattrippen flach schneiden. Restlichen Kohl in Streifen schneiden.

2. Zwiebel abziehen und in kleine Würfel schneiden. Schmalz in einem Topf zerlassen und Kohlstreifen, Zwiebelwürfel, Lorbeerblatt und Nelke hinzugeben. Mit Salz würzen und die Zutaten etwa 10 Minuten dünsten lassen. Den Backofen vorheizen.

3. Eine Auflaufform (gefettet) mit 3–4 Kohlblättern auslegen. Die gedünsteten Kohlstreifen mit dem Gehackten gut vermengen und mit Salz, Pfeffer und Kümmel würzen, auf den Kohlblättern verteilen und mit den restlichen Kohlblättern bedecken. Speck auf den Kohlblättern verteilen. Die Form auf dem Rost in den vorgeheizten Backofen schieben.

Ober-/Unterhitze: etwa 200 °C
Heißluft: etwa 180 °C
Garzeit: 35–40 Minuten.

4. Den Auflauf sofort nach dem Garen mit saurer Sahne bestreichen und mit Petersilienblättchen garniert servieren.

Süße Mahlzeiten

Mango-Kiwi-Kokospfannkuchen
Leckere fruchtig-süße Kombination

7–8 Stück – Zubereitungszeit: 60 Min.

pro Portion 0,60 EUR

Für den Pfannkuchenteig:

180 g	Weizenmehl
1 Dose (400 ml)	ungesüßte Kokosmilch
3	Eier (Größe M)
100 g	Schlagsahne
60 g	brauner Zucker (Rohrzucker)

Für die Füllung:

1	Mango
3	Kiwis
1 EL	flüssiger Honig, z. B. Sommerblütenhonig
	Saft von
1	Limette

Zum Bestreuen:

4 EL	Kokosraspel

Außerdem:

6 EL	Speiseöl, z. B. Rapsöl

Pro Stück:
E: 7 g, F: 21 g, Kh: 38 g,
kJ: 1532, kcal: 366

1. Für den Pfannkuchenteig Mehl in eine Rührschüssel sieben. Kokosmilch mit Eiern, Sahne und Zucker verschlagen und nach und nach unter Rühren zum Mehl geben. Darauf achten, dass keine Klümpchen entstehen. Den Teig 20–30 Minuten ruhen lassen.

2. Für die Füllung Mango halbieren. Fruchtfleisch vom Stein schneiden und schälen. Mangofruchtfleisch in Würfel schneiden. Kiwis schälen, vierteln und in Scheiben schneiden. Honig mit Limettensaft verschlagen und unter die Kiwischeiben und Mangowürfel rühren.

3. Zum Bestreuen Kokosraspel in einer Pfanne ohne Fett unter Rühren hellbraun rösten.

4. Etwas Speiseöl in einer beschichteten Pfanne (Ø 28 oder 26 cm) erhitzen. Eine dünne Teiglage mit einer drehenden Bewegung gleichmäßig auf dem Boden der Pfanne verteilen. Pfannkuchen von beiden Seiten goldbraun backen und warm stellen. Bevor der Pfannkuchen gewendet wird, etwas Speiseöl in die Pfanne geben. Insgesamt weitere 6–7 Pfannkuchen zubereiten.

5. Jeden Pfannkuchen gleichmäßig mit Fruchtstücken belegen, aufrollen und mit gerösteten Kokosraspeln bestreut servieren.

Tipp: Nach Belieben die Mango-Kiwi-Kokospfannkuchen mit Minzeblättchen garnieren.

Süße Mahlzeiten

pro Portion 0,45 EUR

Topfenpalatschinken
Ist in Österreich ein Klassiker

8 Stück – Zubereitungszeit: 45 Min. – Backzeit: 15–20 Min.

Für den Palatschinkenteig:

100 g	Weizenmehl
3	Eier (Größe M)
125 ml (⅛ l)	Milch
1 EL	Mineralwasser
1 Prise	Salz
50 g	Butter

Für die Füllung:

300 g	Magerquark (Topfen)
30 g	Honig
40 g	Sultaninen
200 g	Aprikosenkonfitüre

Für den Guss:

150 g	saure Sahne
100 g	Schlagsahne
	Puderzucker

Pro Stück:
E: 11 g, F: 12 g, Kh: 36 g,
kJ: 1326, kcal: 317

1. Für den Palatschinkenteig Mehl in eine Rührschüssel sieben. Eier mit Milch, Mineralwasser und Salz verschlagen. Eiermilch nach und nach unter Rühren zum Mehl geben, darauf achten, dass keine Klümpchen entstehen. Teig etwa 15 Minuten ruhen lassen.

2. Den Backofen vorheizen. Etwas Butter in einer beschichteten Pfanne (Ø 24 cm) zerlassen und eine hauchdünne Teiglage mit einer drehenden Bewegung gleichmäßig auf dem Boden der Pfanne verteilen. Palatschinken von beiden Seiten goldgelb backen. Bevor der Palatschinken gewendet wird, etwas Butter in die Pfanne geben. Insgesamt 8 Palatschinken aus dem Teig zubereiten.

3. Für die Füllung Quark mit Honig und Sultaninen verrühren. Palatschinken zuerst mit der Konfitüre, dann mit der Quarkmasse bestreichen und aufrollen. Palatschinkenrollen in eine flache Auflaufform dicht nebeneinander legen.

4. Für den Guss saure Sahne und Schlagsahne verrühren, über die Palatschinken gießen und die Form auf dem Rost in den vorgeheizten Backofen schieben.

Ober-/Unterhitze: etwa 200 °C
Heißluft: etwa 180 °C
Backzeit: 15–20 Minuten.

5. Die Topfenpalatschinken mit Puderzucker bestäuben und sofort servieren.

Süße Mahlzeiten

Rhabarber-Crumble

Im Frühjahr ein Hit

6–8 Portionen – Zubereitungszeit: 30 Min. – Backzeit: etwa 30 Min.

pro Portion 0,60 EUR

Für die Rhabarbermasse:
etwa 1 kg	Rhabarber
80 g	brauner Zucker
3 EL	Orangensaft

Für die Streusel:
150 g	Weizenmehl
25 g	kernige Haferflocken
80 g	brauner Zucker
100 g	weiche Butter

Pro Portion:
E: 4 g, F: 12 g, Kh: 43 g,
kJ: 1285, kcal: 307

1. Für die Rhabarbermasse Rhabarber putzen, die Enden abschneiden und Rhabarber gut waschen. Dickere Stangen längs halbieren. Die Stangen in etwa 4 cm lange Stücke schneiden, in eine Gratinform (Ø 32 cm) geben und mit Zucker bestreuen. Orangensaft darüber verteilen. Den Backofen vorheizen.

2. Für die Streusel Mehl in eine Rührschüssel sieben, mit Haferflocken und Zucker mischen und Butter hinzufügen. Alle Zutaten mit Handrührgerät mit Knethaken oder mit den Händen zu Streuseln von gewünschter Größe verarbeiten.

3. Die Streusel auf den Rhabarberstücken verteilen. Die Form auf dem Rost in den vorgeheizten Backofen schieben.

Ober-/Unterhitze: etwa 200 °C
Heißluft: etwa 180 °C
Backzeit: etwa 30 Minuten.

4. Den Rhabarber-Crumble warm oder kalt servieren.

Beilage: Vanillesauce oder Vanilleeis.

Variante: Der Crumble schmeckt auch lecker, wenn Sie anstelle des Rhabarbers etwa 750 g Johannisbeeren (frisch oder TK) oder 750 g gedünstete Stachelbeeren (2 Gläser, Abtropfgewicht je 370 g) verwenden.

Süße Mahlzeiten

Schokoladenauflauf mit Aprikosen

pro Portion **0,70** EUR

Schmeckt nicht nur Kindern

4 Portionen – Zubereitungszeit: 20 Min. – Backzeit: etwa 10 Min.

Zum Vorbereiten:
500 g	reife Aprikosen
100 g	Zartbitter-Schokolade
1 Pck.	Gala Feiner Schokoladen-Pudding
2	Eigelb (Größe M)
etwa 65 g	Zucker
500 ml (½ l)	Milch
2	Eiweiß (Größe M)

Zum Bestreuen:
einige	abgezogene, gehobelte Mandeln

Pro Portion:
E: 7 g, F: 14 g, Kh: 32 g,
kJ: 1223, kcal: 292

1. Zum Vorbereiten Aprikosen kurz in kochendes Wasser legen (nicht kochen lassen), kalt abschrecken und auf einem Sieb abtropfen lassen. Aprikosen enthäuten, halbieren und entkernen. Schokolade grob raspeln oder in kleine Stücke schneiden.

2. Den Backofen vorheizen. Pudding-Pulver, Eigelb, 50 g Zucker und etwas von der Milch in einer kleinen Schüssel verrühren.

3. Restliche Milch in einem Topf zum Kochen bringen. Angerührtes Pudding-Pulver unter Rühren hineingeben und unter Rühren gut aufkochen lassen. Pudding von der Kochstelle nehmen und geraspelte Schokolade sofort unterrühren. Eiweiß steif schlagen und ebenfalls unter den heißen Pudding heben.

4. Die Hälfte der Aprikosenhälften in eine große Auflaufform oder in mehrere kleine Portionsförmchen geben. Den Pudding darauf verteilen. Restliche Aprikosenhälften, Mandeln und restlichen Zucker darauf geben. Die Form oder Förmchen auf dem Rost in den vorheizten Backofen schieben.

Ober-/Unterhitze: etwa 200 °C
Heißluft: etwa 180 °C
Backzeit: etwa 10 Minuten.

Tipp: Der Auflauf kann auch mit 500 g gedünsteten, in Spalten geschnittenen Birnen und 3 Esslöffeln Birnengeist oder 500 g frischen Früchten zubereitet werden.

Süße Mahlzeiten

Zimtstreusel-Zwetschen

Zimt gibt diesem Rezept das gewisse Etwas

4 Portionen – Zubereitungszeit: 30 Min. – Backzeit: etwa 45 Min.

pro Portion
1,05 EUR

150 g	Weizenmehl
50 g	gemahlene Mandeln
75 g	Zucker
1 geh. TL	gemahlener Zimt
100 g	weiche Butter
750 g	reife Zwetschen
100 g	Löffelbiskuits
1	Bio-Zitrone (unbehandelt)
1 Pck.	Dr. Oetker Bourbon-Vanille-Zucker
50 g	Zucker
2 cl	brauner Rum

Pro Portion:
E: 9 g, F: 29 g, Kh: 83 g,
kJ: 2731, kcal: 653

1. Den Backofen vorheizen. Für die Streusel alle Zutaten in eine Rührschüssel geben und mit Handrührgerät mit Rührbesen zu Streuseln verarbeiten.

2. Zwetschen waschen, abtrocknen, halbieren und entsteinen. Löffelbiskuits in einen Gefrierbeutel geben, Beutel fest verschließen und Löffelbiskuits mit einer Teigrolle zerbröseln. Zitrone heiß abwaschen, abtrocknen und mit einem Sparschäler oder Zestenreißer die gelbe Schale abschälen.

3. Zwetschenhälften, Biskuitbrösel, Zitronenschale, Vanille-Zucker, Zucker und Rum in eine Auflaufform geben und die Zutaten gut vermengen. Zimtstreusel darauf verteilen.

4. Die Auflaufform auf dem Rost in den vorgeheizten Backofen schieben.

Ober-/Unterhitze: etwa 200 °C
Heißluft: etwa 180 °C
Backzeit: etwa 45 Minuten.

Beilage: Vanilleeis.

Info: Zwetschen stammen von der „Urpflaume" ab, die ursprünglich aus Vorderasien stammt. Weitere Vertreter sind Pflaumen, Reineclauden, Mirabellen und Japanische Pflaumen, die im Winter als Importpflaumen erhältlich sind. Zwetschen sind länglich-oval, ihre dunkelblaue Haut ist mit einem weißlichen Reif überzogen, der vor dem Austrocknen schützt.

Desserts

Erdbeer-Tiramisu

Der italienische Einfluss ist nicht zu leugnen

4 Portionen – Zubereitungszeit: 20 Min., ohne Kühlzeit

pro Portion
1,50 EUR

150 g	Cantuccini (italienisches Mandelgebäck)
50 ml	frisch gepresster Orangensaft
50 ml	Orangenlikör
250 g	Erdbeeren
25 g	gesiebter Puderzucker oder Zucker
400 g	Schlagsahne
2 Pck.	Dr. Oetker Sahnesteif
1 Pck.	Dr. Oetker Vanillin-Zucker
50 g	Zucker
150 g	Naturjoghurt
1 Becher (125 g)	Crème double oder Crème fraîche

Pro Portion:
E: 8 g, F: 48 g, Kh: 37 g,
kJ: 2784, kcal: 666

1. Cantuccini in eine große Auflaufform legen. Orangensaft und -likör mischen und die Cantuccini damit beträufeln.

2. Erdbeeren waschen, gut abtropfen lassen und entstielen. Die Erdbeeren halbieren und mit der Schnittfläche nach unten auf die Cantuccini legen. Mit Puderzucker oder Zucker bestreuen.

3. Sahne mit Sahnesteif, Vanillin-Zucker und Zucker steif schlagen und Joghurt und Crème double oder Crème fraîche unterrühren, die Masse auf die Erdbeeren streichen und etwa 3 Stunden kalt stellen.

Tipp: Nach Belieben das Tiramisu vor dem Servieren mit Erdbeeren garnieren oder mit Kakao bestäuben. Wer das Tiramisu schon am Vortag zubereiten möchte, sollte 2 Blatt weiße Gelatine (nach Packungsanleitung verarbeitet) unter die Sahne-Joghurtmasse geben. Statt Orangenlikör kann auch Orangensaft verwendet werden.

Desserts

pro Portion
1,00 EUR

Beerengrütze mit Vanille-Joghurt-Sauce
Hier kommt der Sommer auf den Tisch

4 Portionen – Zubereitungszeit: 30 Min., ohne Abkühlzeit

Für die Grütze:

750 g	gemischte Früchte (z. B. Johannisbeeren, Himbeeren, Erdbeeren, Brombeeren, Kirschen; ersatzweise TK-Früchte)
1 geh. EL	Speisestärke
1	Saft und Schale von Bio-Orange (unbehandelt)
375 ml (³⁄₈ l)	roter Traubensaft
1 Pck.	Dr. Oetker Vanillin-Zucker
50–75 g	Zucker

Für die Vanille-Joghurt-Sauce:

1 Pck.	Dr. Oetker Bourbon-Vanille-Zucker
etwa 1 EL	Zucker
300 g	Naturjoghurt (3,5 % Fett)

Pro Portion:
E: 5 g, F: 4 g, Kh: 44 g,
kJ: 1035, kcal: 247

1. Früchte verlesen, abspülen und gut abtropfen lassen. Früchte putzen oder von den Rispen streifen. Speisestärke mit Orangensaft und 2–3 Esslöffeln Traubensaft glatt rühren. Übrigen Saft, Orangenschale, Vanillin-Zucker und 50 g Zucker in einem Topf aufkochen lassen.

2. Topf von der Kochstelle nehmen und die angerührte Speisestärke unter Rühren hinzufügen, alles nochmals kurz aufkochen lassen und vorbereitete Früchte unterrühren. Die Grütze evtl. mit Zucker abschmecken, in eine Schale umfüllen und abkühlen lassen.

3. Für die Vanille-Joghurt-Sauce Vanille-Zucker, Zucker und Joghurt mit einem Schneebesen gründlich verrühren, bis sich der Zucker gelöst hat. Die Grütze mit der Vanille-Joghurt-Sauce anrichten.

Tipp: Garnieren Sie die Beerengrütze mit Minze. Würzen Sie die Grütze zusätzlich mit etwas gemahlenem Zimt. Reichen Sie statt der Vanille-Joghurt-Sauce eine Vanillesauce, aus 1 Päckchen Saucenpulver Vanille-Geschmack, Zucker und Milch nach Packungsangaben zubereitet.

Desserts

pro Portion
1,25 EUR

Erdbeer-Kokos-Trifle
Im Sommer ein geschichtetes Vergnügen

4 Portionen – Zubereitungszeit: 20 Min., ohne Durchziehzeit

500 g	Erdbeeren
2 Stängel	frische Minze
1 EL	Puderzucker
	Saft von
1	Limette
500 g	fettarme Vanilla-Quark-Zubereitung (0,2% Fett)
½ TL	Dr. Oetker Finesse Orangenfrucht (nach Belieben)
125 g	Kokos-Zwieback
etwas	Minze

Pro Portion:
E: 9 g, F: 4 g, Kh: 41 g,
kJ: 1011, kcal: 239

1. Erdbeeren abspülen und gut abtropfen lassen. Die Früchte putzen und evtl. etwas klein schneiden. Minze abspülen, Blättchen von den Stängeln zupfen (einige Blättchen zur Garnieren beiseite legen) und in feine Streifen schneiden. Erdbeeren mit Minze, Puderzucker und Limettensaft mischen.

2. Quark-Zubereitung nach Belieben mit Orangenfrucht glatt rühren. Kokos-Zwieback grob zerbröseln.

3. Erdbeeren, Zwiebackbrösel und Quark-Zubereitung abwechselnd in eine eckige Auflaufform oder in Dessertgläser schichten. Das Trifle etwa 1 Stunde kalt stellen und durchziehen lassen. Vor dem Servieren das Trifle mit Minze garnieren.

Variante: Pfirsich-Himbeer-Trifle: Dafür aus 500 ml (½ l) Milch, 40 g Zucker und 1 Päckchen Puddingpulver Mandelgeschmack nach Packungsanleitung einen Pudding kochen, leicht abkühlen lassen, dabei ab und zu durchrühren. 2 Pfirsische kurz in kochendes Wasser legen, kalt abschrecken, enthäuten, entsteinen und in Spalten schneiden, mit 300 g Himbeeren, je 1 Esslöffel Zitronensaft und Himbeergeist vermengen und mit etwas Vanillin-Zucker und Zucker abschmecken. ⅓ des Puddings in eine Glasschale füllen. 50 g Löffelbiskuits in kleine Stücke brechen, die Hälfte davon auf den Pudding geben, mit 1 Esslöffel Himbeergeist beträufeln. Die Hälfte des Obstsalates darauf geben und mit ⅓ des Puddings bedecken, so fortfahren, bis die Zutaten verbraucht sind. Das Dessert etwa 2 Stunden kalt stellen.

Desserts

Latte-Macchiato-Eis

Die „gefleckte" Milch gibt es jetzt auch tiefgefroren

6 Portionen – Zubereitungszeit: 30 Min., ohne Abkühlzeit – Gefrierzeit: etwa 5 Std.

pro Portion **0,50 EUR**

3	Eier (Größe M)
90 g	Zucker
70 ml	Espresso
600 g	Schlagsahne
1 Pck.	Dr. Oetker Vanillin-Zucker

Zum Bestäuben:
Kakaopulver

Pro Portion:
E: 8 g, F: 45 g, Kh: 25 g,
kJ: 2359, kcal: 564

1. Eier mit Zucker und Espresso in einem Topf verschlagen und bei mittlerer Hitze unter ständigem Rühren mit einem Schneebesen aufschlagen, bis eine dicklich-cremige Masse entstanden ist, die Masse darf dabei nicht kochen.

2. Den Topf sofort in eiskaltes Wasser stellen und die Masse unter Rühren erkalten lassen.

3. 400 g Schlagsahne sehr steif schlagen und unter die Masse heben. Latte-Macchiato-Masse zu gleichen Teilen in 6 gefriergeeignete Gläser füllen. Dabei darauf achten, dass die Gläser nur zu zwei Dritteln gefüllt sind. Gläser zudecken und das Latte-Macchiato-Eis etwa 4 Stunden tiefgefrieren.

4. Anschließend die restliche Sahne mit Vanillin-Zucker steif schlagen. Vanille-Sahne auf das Eis in den Gläsern geben und das Eis etwa 1 weitere Stunde tiefgefrieren.

5. Das Latte-Macchiato-Eis mit Kakao bestäubt servieren.

Tipp: Sie können unter Punkt 1 die Eier mit Zucker und Espresso auch in einer hitzebeständigen Schüssel verschlagen und dann im heißen Wasserbad (85–90 °C) mit einem Schneebesen zu einer dicklich-cremigen Masse aufschlagen. Diese Methode des Aufschlagens dauert länger (25–30 Minuten), aber so brennt die Masse nicht so leicht an.

Desserts

Eisbombe Bismarck

Eis – der krönende Abschluss eines Menüs

8 Portionen – Zubereitungszeit: 35 Min., ohne Abkühlzeit
Gefrierzeit: mindestens 6 Stunden – Backzeit: etwa 60 Min.

6	Eigelb (Größe M)
200 g	Zucker
2 Pck.	Dr. Oetker Vanillin-Zucker
75 ml	Milch
1 Dose	Aprikosen (Abtropfgewicht 480 g)
1 l	Schlagsahne
2 EL	Aprikosenlikör
50 g	Zucker
25 g	abgezogene, gehobelte Mandeln

Für das Baiser:

2	Eiweiß (Größe M)
100 g	feiner Zucker
	Schokoladenraspeln

Pro Portion:
E: 5 g, F: 43 g, Kh: 57 g,
kJ: 2759, kcal: 659

1. Eigelb mit Zucker, Vanillin-Zucker und Milch in einer hitzebeständigen Schüssel verschlagen, im heißem Wasserbad (85–90 °C) mit Schneebesen zu einer dicklich-cremigen Masse aufschlagen. Die Schüssel sofort in eiskaltes Wasser stellen und die Masse unter Rühren erkalten lassen.

2. Aprikosen abtropfen lassen, 3–4 Aprikosenhälften zum Garnieren beiseite legen. Restliche Aprikosen pürieren. Sahne in zwei Portionen steif schlagen. Aprikosenlikör, Zucker, Mandeln und Sahne unter die Eigelbmasse rühren. Aprikosenpüree hinzufügen und so unterrühren, dass Schlieren sichtbar bleiben.

3. Die Eismasse in eine Eisbombenform oder gefriergeeignete Schüssel füllen, zudecken und das Eis mindestens 6 Stunden tiefgefrieren.

4. Für das Baiser Eiweiß steif schlagen. Nach und nach Zucker unterschlagen. Die Masse in einen Spritzbeutel mit Sterntülle füllen. Tupfen auf ein mit Backpapier belegtes Backblech spritzen. Das Backblech in den vorgeheizten Backofen schieben.

Ober-/Unterhitze: etwa 120 °C
Heißluft: etwa 100 °C
Backzeit: etwa 60 Minuten.

5. Die Baisertupfen erkalten lassen. Aprikosenhälften in Spalten schneiden. Eisform kurz in heißes Wasser halten. Die Eisbombe stürzen und mit Baiser, Aprikosenspalten und Schokoladenraspeln garniert servieren.

Desserts

pro Portion
1,00 EUR

Orangen-Panna-Cotta mit Rum
Dafür werden ihre Gäste sie lieben

4 Portionen – Zubereitungszeit: 40 Min., ohne Kühlzeit

600 g	Schlagsahne
1 Pck.	Dr. Oetker Finesse Bourbon-Vanille-Aroma
1 Prise	Salz
1 Pck.	Dr. Oetker Finesse Geriebene Zitronenschale
3–4 EL	Zucker
1	Bio-Orange (unbehandelt)
4 Blatt	weiße Gelatine
3 EL	Rum

Für die Sauce:
etwas	Orangensaft
1–2 EL	Zucker

Pro Portion:
E: 5 g, F: 47 g, Kh: 32 g,
kJ: 2560, kcal: 612

1. Einen Topf kalt ausspülen. Sahne mit Vanille-Aroma, Salz, Zitronenschale und Zucker zum Kochen bringen, etwa 10 Minuten ohne Deckel bei schwacher Hitze köcheln. Orange heiß abwaschen, abtrocknen und die Schale dünn abreiben. 3–4 Minuten vor Ende der Kochzeit Orangenschale in die Sahne geben und kurz mitköcheln.

2. Gelatine nach Packungsanleitung einweichen. Topf vom Herd nehmen. Gelatine ausdrücken und unter Rühren in der heißen Sahne auflösen. Rum unterrühren. Die Sahne in 4 kalt ausgespülte Förmchen oder Tasse (Inhalt je 150 ml) gießen, etwas abkühlen lassen und mindestens 3 Stunden, besser über Nacht, in den Kühlschrank stellen.

3. Die restliche Orangenschale mit einem scharfen Messer so von der Orange abschneiden, dass die weiße Haut mit entfernt wird, die Orangenfilets herausschneiden. Den Saft aus den Orangenresten ausdrücken und mit Orangensaft auf 200 ml auffüllen. In einem Topf mit Zucker zu einem leicht dicklichen Sirup einkochen, kalt stellen.

4. Panna Cotta mit einem Messer vom Rand lösen, die Form einige Sekunden in heißes Wasser stellen und auf Dessertteller stürzen. Sauce dazugießen und Panna Cotta mit Orangenfilets belegen.

Tipp: Statt Orangenfilets Mandarinen aus der Dose verwenden, die Orange dann auspressen und den Saft für die Sauce mit verwenden.

Kapitelregister

Snacks

Auberginentortilla	22
Crostini mit Gemüse	16
Gemüseecken mit Käsesauce	18
Kartoffelrösti, raffiniert belegt	24
Käse-Schinken-Hörnchen	12
Mozzarellaspieße	8
Pizzastreifen	14
Spinattortilla	20
Tomaten-Basilikum-Törtchen	26
Zucchini-Käse-Muffins	10

Salate

Brotsalat	42
Bulgursalat	44
Bunter Rohkostsalat	40
Bunter Thunfisch-Nudel-Salat	32
Nudel-Fleischwurst-Salat	30
Sechser Salat	34
Sommersalat mit Joghurtsauce	46
Tomatenschüssel Gerona	38
Tortellini-Salat	28
Warmer Kartoffelsalat mit roten Linsen	36

Suppen

Französische Zwiebelsuppe	52
Frühlingszwiebelsuppe	60
Geflügel-Kokos-Suppe	66
Hühnerbrühe	50
Kartoffelsuppe mit Hackfleischbällchen	58
Kürbis-Möhren-Suppe mit Chili und Koriander	62
Möhrensuppe mit Ingwer	56
Ratatouille-Suppe	48
Süß-saure Hackfleischsuppe	64
Tomatensuppe mit Pesto	54

Eintöpfe

Chili con Carne	76
Deftiger Kohltopf	74
Gemüseeintopf mit Mettklößchen	80
Grünkohleintopf	68
Italienischer Gemüse-Pilz-Eintopf	78
Kartoffel-Mais-Topf mit Kidneybohnen	70
Puten-Gemüse-Topf	72

Vitalküche

Backofengemüse	84
Farmergemüse	92
Frühlingsgratin	94
Gefüllte Auberginen	100
Gefüllte Fencheltaschen	102
Gefüllte gelbe Paprikaschoten	82
Gemüse-Kartoffelwedges aus dem Ofen	88
Kartoffel-Paprika-Curry	98
Kokospfannkuchen mit Hähnchenstreifen und Gemüse	90
Ofenkartoffeln mit Gemüse-Quark-Füllung	86
Putenbrustpfanne mit Aprikosen und Rosmarin	96

Geflügel

Aprikosen-Curry-Schnitzel	120
Chicken Wings, mediterran	112
Gefüllte Hähnchenbrustfilets mit Zucchinigemüse	104
Hähnchenbrust mit Mozzarella *(Titelrezept)*	114
Hähnchenbrust, süß-scharf	116
Hähnchen-Geschnetzeltes	108
Putenrollbraten	106
Schnitzel mit Ratatouille	122
Schnitzel „Utrechter Art"	118
Zitronenhuhn mit Knoblauch	110

Fleisch

Cordon bleu	130
Feuertopf, scharf-süß	136
Frikadellen mit Möhrengemüse	144

Frikadellen mit
    Paprika-Mais-Gemüse 140
Gegrillte Hamburger 134
Gulasch 148
Hackfleisch-Pizza 124
Italienische Schnitzel........................... 128
Kalte Minischnitzel mit Salaten 150
Lammpilaw...132
Musketier-Spieße.................................. 158
Nackensteaks mit Kartoffelkruste 142
Ratsherren-Schnitzel 126
Schweinefilet in
    Kräuter-Käse-Sauce......................... 138
Schweinefilet mit
    Käsecreme und Majoran................ 154
Schweinefilet, süß-sauer 156
Schweinesteaks mit
    Thymian und Wacholder 152
Wirsingrouladen....................................146

Fisch
Fischspieße auf Rucola-
    Tomaten-Salat..................................170
Kabeljaufilet Müllerin 174
Kabeljauschnitzel in Dillpanade 176
Kräuterdorsch auf
    Dill-Gurkengemüse 172
Lachs auf Spitzkohl..............................164
Porree-Pfifferlings-Fisch......................168
Schollenfilet in
    Zitronen-Kräuter-Panade 166
Seelachsfilet in Folie gegart 162
Viktoriabarsch auf getrockneten
    Tomaten 160
Viktoriabarsch unter der
    Möhren-Nuss-Kruste.................... 178

Pasta
Rigatoni mit Tomatensauce 186
Spaghetti mit Gemüse-Bolognese.....192
Spaghetti mit Mozzarella.................... 182
Spaghetti mit Pilzsauce 188
Spaghetti mit
    Tomaten-Basilikum-Sauce 190
Spinatnudeln...180
Zucchininudeln mit
    Tomatensauce.................................184

Aufläufe
Berliner Bulettenauflauf 200
Bunter Nudelauflauf mit
    Schinken 208
Bunter Tortelliniauflauf.......................206
Fleischkäse-Gemüse-Auflauf 202
Fränkischer Krautauflauf 212
Knöpfli-Auflauf mit Wirsing................210
Nudel-Mett-Auflauf 204
Ravioli-Gratin...194
Taco-Auflauf mit
    Schweinenackensteaks................196
Westernauflauf......................................198

Süße Mahlzeiten
Mango-Kiwi-Kokos-Pfannkuchen 214
Rhabarber-Crumble 218
Schokoladenauflauf mit
    Aprikosen.. 220
Topfenpalatschinken 216
Zimtstreusel-Zwetschen.....................222

Desserts
Beerengrütze mit
    Vanille-Joghurt-Sauce................. 226
Eisbombe Bismarck 232
Erdbeer-Kokos-Trifle............................228
Erdbeer-Tiramisu 224
Latte-Macchiato-Eis 230
Orangen-Panna-Cotta mit Rum 234

Alphabetisches Register

A/B

Aprikosen-Curry-Schnitzel 120
Auberginen, gefüllte 100
Auberginentortilla 22
Backofengemüse...................................... 84
Beerengrütze mit
 Vanille-Joghurt-Sauce................. 226
Berliner Bulettenauflauf 200
Brotsalat... 42
Bulettenauflauf, Berliner.................... 200
Bulgursalat 44
Bunter Nudelauflauf mit Schinken ... 208
Bunter Rohkostsalat................................ 40
Bunter Thunfisch-Nudel-Salat 32
Bunter Tortelliniauflauf....................... 206

C/D/E

Chicken Wings, mediterran 112
Chili con Carne 76
Cordon bleu.. 130
Crostini mit Gemüse................................ 16
Deftiger Kohltopf 74
Eisbombe Bismarck 232
Erdbeer-Kokos-Trifle.............................. 228
Erdbeer-Tiramisu 224

F

Farmergemüse 92
Fencheltaschen, gefüllte...................... 102
Feuertopf, scharf-süß............................ 136
Fischspieße auf
 Rucola-Tomaten-Salat................. 170
Fleischkäse-Gemüse-Auflauf 202
Fränkischer Krautauflauf 212
Französische Zwiebelsuppe................... 52
Frikadellen mit Möhrengemüse 144
Frikadellen mit
 Paprika-Mais-Gemüse 140
Frühlingsgratin 94
Frühlingszwiebelsuppe 60

G

Geflügel-Kokos-Suppe 66
Gefüllte Auberginen 100
Gefüllte Fencheltaschen 102
Gefüllte gelbe Paprikaschoten.............. 82
Gefüllte Hähnchenbrustfilets mit
 Zucchinigemüse 104
Gelbe Paprikaschoten, gefüllte............. 82
Gegrillte Hamburger 134
Gemüseecken mit Käsesauce................ 18
Gemüseeintopf mit Mettklößchen..... 80
Gemüse-Kartoffelwedges
 aus dem Ofen 88
Gemüse-Pilz-Eintopf, italienischer 78
Grünkohleintopf 68
Gulasch 148

H/I

Hackfleisch-Pizza 124
Hackfleischsuppe, süß-saure................ 64
Hähnchenbrust mit Mozzarella
 (Titelrezept)................................... 114
Hähnchenbrust, süß-scharf.................116
Hähnchenbrustfilets mit
 Zucchinigemüse, gefüllte 104
Hähnchen-Geschnetzeltes 108
Hamburger, gegrillte 134
Hühnerbrühe.. 50
Italienische Schnitzel 128
Italienischer Gemüse-Pilz-Eintopf........78

K

Kabeljaufilet Müllerin 174
Kabeljauschnitzel in Dillpanade 176
Kalte Minischnitzel mit Salaten 150
Kartoffel-Mais-Topf mit
 Kidneybohnen 70
Kartoffel-Paprika-Curry 98
Kartoffelrösti, raffiniert belegt 24
Kartoffelsalat mit
 roten Linsen, warmer 36
Kartoffelsuppe mit
 Hackfleischbällchen......................58
Käse-Schinken-Hörnchen 12
Knöpfli-Auflauf mit Wirsing................ 210
Kohltopf, deftiger.................................... 74
Kokospfannkuchen mit Hähnchen-
 streifen und Gemüse 90
Krautauflauf, fränkischer 212
Kräuterdorsch auf
 Dill-Gurkengemüse 172

Kürbis-Möhren-Suppe mit
   Chili und Koriander 62

L/M
Lachs auf Spitzkohl 164
Lammpilaw 132
Latte-Macchiato-Eis 230
Mango-Kiwi-Kokos-Pfannkuchen 214
Minischnitzel mit Salaten, kalte 150
Möhrensuppe mit Ingwer 56
Mozzarellaspieße 8
Musketier-Spieße 158

N/O
Nackensteaks mit Kartoffelkruste 142
Nudelauflauf mit Schinken, bunter ... 208
Nudel-Fleischwurst-Salat 30
Nudel-Mett-Auflauf 204
Ofenkartoffeln mit
   Gemüse-Quark-Füllung 86
Orangen-Panna-Cotta mit Rum 234

P
Paprikaschoten, gefüllte gelbe 82
Pizzastreifen 14
Porree-Pfifferlings-Fisch 168
Putenbrustpfanne mit
   Aprikosen und Rosmarin 96
Puten-Gemüse-Topf 72
Putenrollbraten 106

R
Ratatouille-Suppe 48
Ratsherren-Schnitzel 126
Ravioli-Gratin 194
Rhabarber-Crumble 218
Rigatoni mit Tomatensauce 186
Rohkostsalat, bunter 40

S/T
Schnitzel, italienische 128
Schnitzel mit Ratatouille 122
Schnitzel "Utrechter Art" 118
Schokoladenauflauf mit
   Aprikosen 220

Schollenfilet in
   Zitronen-Kräuter-Panade 166
Schweinefilet in
   Kräuter-Käse-Sauce 138
Schweinefilet mit
   Käsecreme und Majoran 154
Schweinefilet, süß-sauer 156
Schweinesteaks mit
   Thymian und Wacholder 152
Sechser Salat 34
Seelachsfilet in Folie gegart 162
Sommersalat mit Joghurtsauce 46
Spaghetti mit Gemüse-Bolognese 192
Spaghetti mit Mozzarella 182
Spaghetti mit Pilzsauce 188
Spaghetti mit
   Tomaten-Basilikum-Sauce 190
Spinatnudeln 180
Spinattortilla 20
Süß-saure Hackfleischsuppe 64
Taco-Auflauf mit
   Schweinenackensteaks 196
Thunfisch-Nudel-Salat, bunter 32
Tomaten-Basilikum-Törtchen 26
Tomatenschüssel Gerona 38
Tomatensuppe mit Pesto 54
Topfenpalatschinken 216
Tortelliniauflauf, bunter 206
Tortellini-Salat 28

V/W/Z
Viktoriabarsch auf
   getrockneten Tomaten 160
Viktoriabarsch unter der
   Möhren-Nuss-Kruste 178
Warmer Kartoffelsalat mit
   roten Linsen 36
Westernauflauf 198
Wirsingrouladen 146
Zimtstreusel-Zwetschen 222
Zitronenhuhn mit Knoblauch 110
Zucchini-Käse-Muffins 10
Zucchininudeln mit
   Tomatensauce 184
Zwiebelsuppe, Französische 52

Für Fragen, Vorschläge oder Anregungen steht Ihnen der Verbraucherservice der Dr. Oetker Versuchsküche Telefon: 00800 71727374 Mo.-Fr. 8:00–18:00 Uhr, Sa. 9:00–15:00 Uhr (gebührenfrei, die Telefonnummer ist nur innerhalb Deutschlands erreichbar) oder die Mitarbeiter des Dr. Oetker Verlages Telefon: +49 (0) 521 520658 Mo.–Fr. 9:00–15:00 Uhr **zur Verfügung**.

Oder schreiben Sie uns:
Dr. Oetker Verlag KG, Am Bach 11, 33602 Bielefeld oder besuchen Sie uns im Internet unter www.oetker-verlag.de oder www.oetker.de

Umwelthinweis	Dieses Buch und der Einband wurden auf chlorfrei gebleichtem Papier gedruckt. Die Einschrumpffolie – zum Schutz vor Verschmutzung – ist aus umweltfreundlichem und recyclingfähigem PE-Material.
Copyright	© 2008 by Dr. Oetker Verlag KG, Bielefeld
Redaktion	Jasmin Gromzik, Miriam Krampitz
Titelfoto	Hans-Joachim Schmidt, Hamburg
Innenfotos	Walter Cimbal, Hamburg (S. 27)
	Thomas Diercks, Hamburg (S. 15, 19, 25, 31, 35, 37, 53, 87, 89, 93, 105, 109, 133–137, 163, 171, 175, 179, 183–191, 195, 205, 209, 211, 215, 221, 227, 229)
	Ulli Hartmann, Halle/Westf. (S. 9, 39, 57, 59, 65, 69, 73, 75, 81, 83, 85, 101, 103, 107, 117–131, 139, 143, 147, 151, 159, 161, 165, 167, 177, 199–203, 207, 213, 219, 225)
	Bella Hoche, Hamburg (S. 157)
	Christiane Krüger, Hamburg (S. 153, 155)
	Ulrich Kopp, Sindelfingen (S. 33, 99, 141)
	Ulrich Lippert (S. 11, 49, 61, 67)
	Antje Plewinski, Berlin (S. 51, 55, 77, 95, 113, 145, 193, 235)
	Hans-Joachim Schmidt, Hamburg (S. 29, 63, 71, 79, 97, 111, 115, 169, 173, 181, 197, 223)
	Axel Struwe, Bielefeld (S. 17, 21, 231)
	Norbert Toelle, Bielefeld (S. 41, 47, 149, 217)
	Brigitte Wegner, Bielefeld (S. 43, 45, 91, 233)
Titelgestaltung	kontur:design, Bielefeld
Grafisches Konzept	kontur:design, Bielefeld
Satz	Typografika, Bielefeld
Gestaltung	MDH Haselhorst, Bielefeld
Druck und Bindung	Mohn media Mohndruck GmbH, Gütersloh

Die Autoren haben dieses Buch nach bestem Wissen und Gewissen erarbeitet. Alle Rezepte, Tipps und Ratschläge sind mit Sorgfalt ausgewählt und geprüft. Eine Haftung des Verlages und seiner Beauftragten für alle erdenklichen Schäden an Personen, Sach- und Vermögensgegenständen ist ausgeschlossen.

Nachdruck und Vervielfältigung (z. B. durch Datenträger aller Art) sowie Verbreitung jeglicher Art, auch auszugsweise, ist nur mit ausdrücklicher Genehmigung und Quellenangabe gestattet.

ISBN: 978-3-7670-0976-9